दिलवाली जादूगरनियाँ

अनबाउंड स्क्रिप्ट

दिलवाली जादूगरनियाँ

प्रथम संस्करण: दिसम्बर, 2025

ISBN : 978-93-47125-86-7

प्रकाशक : **अनबाउंड स्क्रिप्ट**
2/41, अंसारी रोड, दरियागंज, दिल्ली - 110002
वेबसाइट : www.unboundscript.com
ई-मेल : books@unboundscript.com
फोन नं. : 011-35807601

DILWALI JAADUGARNIYAAN
Written *by* Jayanti Ranganathan
Illustrated *by* Nisha Rawat

मुद्रक : यश प्रिंटोग्राफ़िक्स, नोएडा, उत्तर प्रदेश

मूल्य : ₹ 249 /-

अनबाउंड स्क्रिप्ट

दिलवाली जादूगरनियाँ

जयंती रंगनाथन

रेखांकन - निशा रावत

टू सिस्टर्स, विथ जादुई पावर्स

दिखने में बिलकुल आम झल्ली-सी लड़कियाँ दिखती हैं- टीना और बोस्की। दो साल पहले तक तो टीना की बहती नाक और नाक पोंछने के बड़े से रूमाल का, उसके क्लास मेट जम कर मज़ाक़ उड़ाते थे। उस समय चौदह साल की थी टीना। बात करते समय हर शब्द पर ज़बरदस्ती एक बिंदी लगा देती, जैसे अपनी फ्रेंड की बर्थडे पार्टी में लकड़ी की काठी गाना उसने कुछ इस तरह गाया- लंकडीं की कांठी, कांठी पें घोंडा...घोंडे की दुम पें जो मांरा हंथौंडा...!

उसके दोस्त उसका गाना सुन कर हंस-हंस कर लोटपोट हो गए। टीना को समझ नहीं आया कि इसमें इतना हंसने की क्या बात है?

अब वो ऐसा नहीं करती। इसके पीछे भी एक कारण है। पिछले साल स्कूल बस में वह आदि के साथ बैठने लगी। आदि...आदित्य। इससे आगे कुछ बताने की ज़रूरत तो है नहीं। आदि को वह ख़ास पसंद नहीं थी। वह उसके रूमाल से दूर भागता था।

टीना बड़ी होती गयी तो सब छूटता गया। टीना का रूमाल छूटा, हर शब्द में बिंदी लगाना छूटा, बालों में तेल लगाना छूटा, चिप्स खाना छूटा, मम्मी की बात मानना छूटा, सच बोलना छूटा और बहन को सब बात बताने का प्रॉमिस भी छूटा।

ख़ैर, बोस्की को आदि के बारे में उसने तब बताया जब आदि ने उसकी ही क्लास की कोको के साथ, बस में बैठना शुरू किया। आदि ने टीना को सॉरी तक नहीं कहा।

एक चौदह साल की लड़की को पहली बार दिल टूटने पर कैसा लगता है, यह कोई टीना से पूछे। लेकिन टीना अब आदि के ग़म से निकल गई है। सोलह साल में वैसे भी ज़िन्दगी बहुत सुंदर लगती है, नयी लगती है और अगर अपने पास कोई ख़ास पावर हो तब तो और भी। तो क्या हुआ जो ये पावर उसे अपनी बुआ जिग्गी उर्फ़ जिगना आंटी की वजह से मिली हो।

पावर के बारे में बताने से पहले टीना की छोटी बहन बोस्की के बारे में भी कुछ हो जाए।

बोस्की टीना से तीन साल छोटी है, कुछ-कुछ वैसी ही दिखती है, जैसे दो साल पहले टीना दिखती थी। बोस्की के बाल घुंघराले हैं, वह उन्हें खुला रखती है। वह खड़ी भी होती

है तो डांस करती-सी लगती है। एक मिनट भी शांत नहीं रहती, कभी पांव चलता है तो कभी हाथ। उसका एक बहुत सेंसिटिव पक्ष भी है। वह हर तरह के जानवरों से बेतहाशा प्यार करती है। उसका दावा है कि अगर उसके सामने शेर आ जाए तो वह भी भीगी बिल्ली की तरह उसके चरणों में बैठ कर अपनी मुंडी सहलाने को कहेगा।

दोनों बहनें अपने मम्मी-पापा के साथ दिल्ली से सटे, सैटेलाइट टाउन- गुरुग्राम में रहती हैं। टीना इस साल दसवीं में गई है और बोस्की सातवीं में। दोनों पढ़ने में औसत हैं। लेकिन खेल-कूद और बातें बनाने में एकदम अव्वल।

उनके पापा गुजराती हैं और मम्मी बंगाली। पापा की बहन जिग्गी आंटी उन दोनों बहनों की एलीस है, सोनपरी है, जादुई बॉक्स वाली पंडारा है और हनुमान सॉरी हनुमानी हैं। समझे कि नहीं? अरे यार, किसी से कहना मत। जिग्गी आंटी पक्की जादूगरनी हैं। जादू कहें...नहीं, पावर ज़्यादा सही रहेगा। पापा ने ही एक बार बताया था, उन दिनों पापा की फ़ैमिली अफ़्रीक़ा में रहती थी। उनका हीरे का बिजनेस था। एक रात उनके घर में डाका पड़ा, पूरे परिवार को भाग कर जंगल में छिपना पड़ा। नील नदी के किनारे, घने जंगल में। पापा और जिग्गीबेन ने हाथी पर ही बैठ कर सारी रात काट दी और सुबह देखा तो जिग्गीबेन गायब। सब परेशान

हो गए कि इतने बड़े जंगल में उन्हें कहाँ ढूंढे? पापा के साथ उनके एक अफ़्रीक़ी दोस्त- रिंगपो भी थे। उन्होंने ही ख़बर ला कर दी- जंगल के अंदर जो आदिवासी रहते हैं, उनके पास मैजिकल पावर हैं। वे रात को इधर-उधर घूमते रहते हैं। जिग्गी को देख कर उन्हें लगा कि वो उनके कबीले की लड़की है, इसलिए उसे उठा कर ले गए हैं। पर आप घबराओ मत, जिग्गी वहाँ बहुत ख़ुश है और वो शाम तक लौट आएगी।

जिग्गी शाम को लौटी ज़रूर पर पैरों से चल कर या हाथी पर बैठ कर नहीं, बल्कि पेड़ों के बीच से उड़ कर वो भी एक डायनोसॉर पर बैठ कर। उसकी पीली फ्रॉक एक ख़ूबसूरत फूल में बदल गई थी। बालों में घोसला-सा बना गया था और उसमें लाल रंग की चिड़िया बैठी थी। हाथों में फूल और पैरों में बूट पहन रखे थे।

"मैं तो डर ही गया था डिकरी, मेरी प्यारी जिग्गी बेन को क्या हो गया? कोई भूत-वूत तो नहीं आ गया? मुझे क्या पता था कि वो ख़ुद एक भूत बन गई है।" पापा ने बोस्की और टीना को बताया था। वैसे भी जिस इलाके में वो रहते थे, वहाँ भूत का आना-जाना आम बात थी। इसलिए आदिवासियों ने अपने अंदर जादुई शक्ति पैदा की, ताकि भूत-प्रेत और दूसरे इंसानों को डरा सकें और उनसे लड़ सकें।

जिग्गी आंटी को कबीले के कप्तान ने अपनी बेटी बना लिया था। वो कुछ दिन अपने मम्मी-पापा के साथ रहती, और बाक़ी दिन कबीले वाले पापा के पास। जिग्गी को वहाँ बहुत मज़ा आता था। सबसे ज़्यादा मज़ा इस बात से कि रोज़ सुबह उठ कर स्कूल नहीं जाना, होमवर्क नहीं करना और ना माँ की पिटाई, ना ही पापा का ग़ुस्सा और कोई यह कहने वाला भी नही कि यह खाओ, यह मत खाओ।

पापा ने ही बताया था कि जिग्गी आंटी तो दूसरे कबीले वालों की तरह मज़े से साँप का सूप पीती थी, मगरमच्छ के ऊपर बैठ कर दरिया में घूमती और रात भर चमगादड़ों से बातें करती थी। एक बार वह, घर पर चमकते नीले रंग का बड़ा-सा अंडा ले कर आई। कहने लगी, "मेरी फ्रेंड डायनोसॉर है ना, जूली, यह उसका अंडा है। वह दूसरे जंगल में गई और अपना अंडा मुझे संभाल कर रखने को कहा है।"

रोज वह अंडा बड़ा होता जा रहा था। जिग्गी बहुत संभाल कर अंडे की सफाई करती। पापा जिग्गी आंटी से छोटे थे। उन्होंने एक दिन अपने स्कूल में अपने दोस्तों को इस अंडे के बारे में बता दिया। शाम को जिग्गी घर पर आई तो उसने देखा कि पापा और उनके फ्रेंड्स अंडे को उठा कर घर से बाहर ले जा रहे थे। जिग्गी आंटी ग़ुस्सा हो गईं। अपने हाथ लंबे कर, उन्होंने सब लड़कों को एक-एक चपत लगाई।

और इसके बाद अंडे को हाथ में उठा कर उड़ती हुई वहाँ से चली गई।

ग़नीमत थी कि चपत खा कर पापा के दोस्त ज़मीन पर चित लेट गए थे और उन्होंने जिग्गी आंटी को उड़ते हुए नहीं देखा था। वरना उस दिन पता नहीं क्या हो जाता?

'क्या होता पापा?' बोस्की ने अपनी आँखें गोल-गोल करके पूछा ।

'यू नेवर नो डिकरी। वो स्कूल में शिकायत कर देते, पुलिस में दे देते। घर में डाका पड़ने के बाद बड़ी मुश्किल से हम लोग एक छोटे से घर में अपनी लाइफ़ शुरू कर रहे थे। अगर सबको पता चल जाता कि जिग्गी जादूगरनी है तो हम सबको शहर छोड़ना पड़ जाता।'

'फिर क्या हुआ पापा? अंडे के अंदर से कौन निकला?'

'अरे वही, जो हमेशा जिग्गी के साथ रहता है।'

'जिग्गी आंटी का नकली दाँत?' बोस्की ने चीखते हुए पूछा।

'रॉन्ग।' पापा बोले।

'मुझे पता है,' टीना ने रुआब से कहा,'जूना, द मिनी डायनो।'

ओह जूना! उसका ज़िक्र तो सबसे पहले होना चाहिए। जूना की शक्ल चमगादड़ों जैसी है और शरीर डायनोसॉर जैसा। उतना बड़ा नहीं। इसलिए सब उसे मिनी डायनो कहते हैं। पर वह है बहुत मज़ेदार। टीना का बेस्ट फ्रेंड या कहें लवर। बोस्की उससे बहुत चिढ़ती है, क्योंकि वह उसकी प्लेट से फिंगर चिप्स उठा कर खा लेता है। बोस्की के कान के पास जा कर ज़ोर-ज़ोर से नई फ़िल्मों के गाने गाता है और उसे हंप्टी-डंप्टी बुलाता है।

बोस्की उससे खूब झगड़ा करती है, बोका, गाधा, उल्लू का पट्ठा बुलाती है और वह हो-हो करके हंसते हुए उसे चिढ़ाता है- तुम ही बोका, तुम ही गाधी, तुम ही उल्लू की पोट्टी।

टीना से वह सही रहता है। इधर कई दिनों से वह टीना पर लाइन मारने की कोशिश कर रहा है। टीना को छोटी वाली लाल ड्रेस में देख कर तो वह अजीब तरह से डांस करने लगता है। अंदर की बात बताऊं, टीना को जब उसके बॉयफ्रेंड आदि ने डम्प किया, तो जूना को पूरी रात जामुन के पेड़ के ऊपर नाचते हुए पाया गया।

पहले ही बताया था न बोस्की और टीना की माँ बंगाली हैं। दोनों बहनों को जब कुछ सीक्रेट बोलना होता है, तो आपस में बांगला बोलने लगती हैं। उन दोनों को नहीं पता

कि इन दिनों जूना भी रैपिडिक्स ले कर बांग्ला सीखने लगा है। जूना का इस क़दर बहनों के बीच घुसे रहना जिग्गी आंटी को बहुत अखरता है। वह उसे डांटती रहती हैं, "मूर्ख गधे, तू हमेशा लड़कियों के बीच ही खी-खी करता रहता है। तुझे पता भी है तू है कौन?"

जूना अपना अजीब-सा सिर मूर्खों की तरह ही हिलाता है, "जिग्गी आंटी, आप ही बता दो, बड़ा टेढ़ा सवाल पूछ लिया। जिस दिन पता चलेगा हम कौन हैं, सबसे पहले आपको आकर बताएंगे।"

जिग्गी आंटी सिर पीट लेती हैं और कहती हैं, "मैं पिछले बीस साल से तुझे समझा रही हूँ। तू मेरी बेस्ट फ्रेंड का बेटा है। मैंने तुझे पाला, बड़ा किया, जादू सिखाया, दुनियादारी सिखाई और तुझे आज तक नहीं समझ आया कि तू कौन है? बेवक़ूफ़ों की तरह दोनों बहनों के पीछे कहीं भी चल देता है। किसी ने तुझे पकड़ लिया तो? ज़ू में रख दिया तो? सरकस में डाल दिया तो?"

जूना को पता है कि जब ख़तरा सामने आए, तो क्या करना है। वह बहुत ऊंचा उड़ सकता है, गायब हो सकता है और अपने आस-पास की चीजों को गुम कर सकता है। लेकिन फिर भी जिग्गी आंटी जब उसे डांटती है, तो वह सिर झुका कर सुन लेता है। जूना के अलावा एक और बंदे का

ज़िक्र करना ज़रूरी है। बोस्की और टीना का कजिन यानी मौसेरे भाई बाप्पी का। बाप्पी को टीना हाफ मैड कहती है और बोस्की फुल ख़ब्ती। उनका परिवार गुड़गाँव में उनके घर के पास में ही रहता है। मम्मी की अपनी बहन से बहुत पटती है, उतनी ही जितनी बोस्की और टीना की। इसके चलते बाप्पी से भी रोज़ मुलाक़ात होती है। बाप्पी को हमेशा यह समझाया जाता है कि तुम लड़के हो और तुम्हें अपनी दोनों बहनों की रक्षा करनी है। रक्षा को रच्छा कहने वाला बाप्पी, कहीं से यह नहीं मानता। उसका तो यह मानना है कि दोनों बहनों को उसकी रच्छा करनी चाहिए। रच्छा के अलावा खूब खिलाना-पिलाना चाहिए और गिफ्ट दिलाना चाहिए।

टीना बड़ी बहन होने के नाते बाप्पी को डांट देती है। बाप्पी की कोशिश होती है कि बोस्की उसका कहना माने। जाहिर है बोस्की नहीं मानती। बाप्पी को ठीक करने के लिए अकसर दोनों बहनें जूना का सहारा लेती हैं। बाप्पी को पता ही नहीं चलता कि उसके साथ क्या हो रहा है? कौन गुदगुदी कर रहा है? उसकी साइकिल कचड़े के डिब्बे के अंदर कैसे पहुंच गई? उसकी मैथ की कॉपी में पानी कैसे गिर गयी? उसकी शर्ट पीछे से फट कैसे गई? उसकी प्लेट से बर्गर किसने उठाया? उसके मिल्क शेक में मिर्च कैसे आ गई? बाप्पी को शक है कि टीना कुछ गड़बड़ करती है, पर वह

श्योर नहीं है। बाप्पी जब भी घर आता है, जूना सीलिंग से लटका रहता है।

इन दिनों बहनों की ज़िदंगी में थोड़ा रोमांच है, थोड़ी धुकपुक। मिस टीना चार दिनों बाद सोलह की होने वाली हैं। मम्मी चाहती थीं कि बर्थडे में सिर्फ़ परिवार वाले ही हों। पर मिस सिक्सटीन थोड़ा रूठ गईं है, 'स्पेशल वाला बर्थडे है मम्मी। मैं रोज़-रोज़ तो सिक्सटीन की होऊंगी नहीं। मुझे अपने कुछ स्पेशल फ्रेंड्स को बुलाना है। मैंने कितना सुंदर गाउन बनवाया है।'

गाउन...कहीं तुम्हारी आँखों के सामने लाल रंग की नेट वाली गाउन पहने आलिया भट्ट तो नहीं आ गई? या फिर पर्पल फ्रॉक में बार्बी डॉल? गाउन के नाम पर मत जाना। दरअसल यह लहंगा-ब्लाउज टाइप की कोई चीज़ है, जिसमें झालर और सितारे लगे हैं। टीना इस बार नवरात्रों में डांडिया खेलते समय यही पहनने का इरादा रखती है।

मम्मी को मना लिया, पापा को मनाना भी मुश्किल नहीं। पार्टी की तैयारियां जोरों से चल रही है। वैसे तो पार्टी घर पर ही होगी, जगह कम है, पर कोई बात नहीं। टीना, बोस्की और उसके दोस्तों को नाचने लायक तो जगह मिल ही जाएगी।

पापा ने ग़लती से सुलेखा दादी और उनकी बहन सुप्रिया को टीना की बर्थडे पार्टी के बारे में बता दिया है। टीना को सरप्राइज देने दोनों बड़ौदा से कल पहुँच रही हैं। सुलेखा दादी टीना के लिए एक बहुत दिलचस्प तोहफ़ा ला रही हैं। पर किसी को क्या पता कि उनका यह तोहफ़ा टीना की पार्टी में कौन-सा भूचाल लाने वाला है।

क्या होगा टीना की स्पेशल सिक्सटीन बर्थडे पार्टी का?

भई, यह जानने के लिए तो उसमें शामिल होना पड़ेगा ना डिकरा...

टीना हुई स्वीट सिक्सटीन

आइ एम सिक्सटीन, गोइंग ऑन सेवेंटीन-

वो दिन आ गया, जिसका टीना को बेसब्री से इंतज़ार था। हैप्पी वाला बर्थडे वाला बिग डे। सुबह ठीक से सपना भी नहीं देख पाई कि बोस्की ने ज़ोर से हिलाते हुए कहा, 'टीन-मीन, पंपकिन। सरप्राइज़! देखो, कौन आया है?' उम्मीद थी रनबीर सिंह की, लेकिन सामने खड़ी थीं सुलेखा दादी। अपनी नकली, सफ़ेद बत्तीसी पूरी तरह निपोरते हुए दादी ने गाना शुरू किया, बार-बार दिन ये आए, बार-बार दिल ये गाए, तुम जियो हजारों साल... हैप्पी बर्थडे टू यू टीना गाते हुए पूरी फ़ैमिली उसके कमरे में जमा हो गई।

टीना ने उनींदी आँखों से देखा- सुलेखा दादी के पीछे उनकी बहन सुप्रिया दादी, पापा, मम्मी, जिग्गी आंटी, बाप्पी और खिड़की के पास से मुँह निकाल कर अंदर देखता हुआ, एक प्यारा-सा भूरे रंग का एक पप्पी खड़ा था।

टीना उछल कर खड़ी हो गई। सबके बीच से घुसते हुए पप्पी को गोद में उठाकर उसको प्यार करने लगी- चो च्वीट, कहाँ से आया, कौन लाया, किसके लिए लाया?

सुलेखा दादी हंसने लगी और बोलीं, "टीना, आराम से। मुझे पता था, तुझे पप्पी बहुत पसंद है। इसलिए मैंने सोच रखा था, जब भी तू अपने बर्थडे पर बुलाएगी, तुझे पप्पी दूंगी।"

'दादी, यू आर ग्रेट।' टीना ने सुलेखा दादी के गाल पर एक पप्पी जड़ दी। इसके बाद पप्पी को गोद में लेकर उसने घोषणा की, "आज शाम को मैं अपने पप्पी के नाम का ऐलान करूंगी। सॉरी! मेरा पप्पी है, इसलिए इसका नाम भी मैं ही रखूंगी।"

सब हंसते हुए टीना और बोस्की के कमरे से बाहर चले गए।

नाम, नाम, नाम...

नई चिंता। ओफ्फ़ ओह! सबसे बड़ी चिंता। पहली बार ज़िन्दगी में इतना बड़ा काम करने को मिला है। इतनी बड़ी ज़िम्मेदारी, नाम रखना आसान थोड़े ही है। पपलू, गोलू टाइप नाम रख दिया, तो सबसे पहले तो जूना ही लोटपोट होकर हंसने लगेगा। जैसे उसका नाम बहुत शानदार हो। पर उसे तो यही लगता है।

टीना ऐसे काम बोस्की के बिना नहीं कर पाती थी। बोस्की को ऑमलेट की प्लेट समेत अपने कमरे में खींच लाई, बोस्की कहती रही, 'स्टुपिड, मुझे ब्रेकफ़ास्ट तो करने दे। तुझे पता है न मुझे ठंडे ऑमलेट से कितनी नफ़रत है।'

'नफ़रत!! ओहो। मेरी किड सिस्टर कितने बड़े-बड़े शब्द बोल रही है। सुन बोस्की। आज किसी से नफ़रत की कोई जगह नहीं है। बस हमें ख़ूब सारा प्यार करना है सबसे, पर उससे पहले सबसे ज़रूरी काम- पप्पी के लिए कुछ अच्छा-सा नाम सोचना है।

मुँह में ऑमलेट और ब्रेड का बड़ा-सा कौर भकोस कर बोस्की ने खाते-खाते कहा, 'ऑमलेट ही रख दो इसका नाम।'

'नीच कहीं की। इतनी छोटी-सी जान का इतना खाऊ नाम? कुछ और नाम सोच।'

नाश्ता करने के बाद बोस्की पेन और पेड ले कर तैयार हो गई। कुत्तों के पुराने नाम जैसे- बूजो, गूफी, टाइगर जैसे नामों पर पहले ही ना हो गया।

दोनों बहनों ने लगभग सौ नाम सोचे और सब के सब काट दिए। छोटे से पप्पी पर कोई भी नाम नहीं जम रहा था। इस चक्कर में टीना शाम की बर्थडे पार्टी तो भूल ही गई थी।

बर्थडे पार्टी को दफ़ा करो। इस समय वो जिसे भूल गई थीं, वो उनके कमरे में फैन से बेरूखी से लटका हुआ था और वो था- जूना । वह पिछले एक घंटे में ना जाने कितनी बार करतब दिखा चुका था। लेकिन बहनों की जुरत तो देखो, ऐसे दिखा रही थीं, जैसे वो वहाँ हो ही नहीं। दोनों बहनें, जूना को

इग्नोर कर रही थीं। जूना से अब और बर्दाश्त नहीं हुआ। वह अबकि पंखे से सीधे टीना की गोद में कूद गया।

टीना को तो नहीं, पप्पी को इतना सदमा लगा कि वह हाहाकार मचाते, चीखते और रोते हुए पलंग के नीचे घुस गया। बोस्की और टीना ने जूना को इतनी झाड़ पिलाई कि वह ख़ुद भी गंदी आवाज़ निकाल कर रोने लगा।

गंदी आवाज़ में किसी को रोते सुना है? वैसे ही, जैसे कभी-कभी तुम भी रोते हो, जब अपनी बात मनवानी हो, जब पता है कि गलती तुम्हारी है पर अपनी इमेज बचाने के लिए तुम जो करते हो वही है गंदी तरह से रोना।

इसी सब उठा-पटक के बीच हम कहीं यह तो नहीं भूल रहे कि जूना और दोनों बहनों को जिग्गी आंटी ने ख़ास जादुई पावर्स दे रखे हैं? ये बहनें हमेशा आम क्यों बनी रहती हैं? लेकिन दिक़्क़त यह है कि जब ज़रूरत ना हो तब वे अपनी पावर्स का इस्तेमाल करने लगती हैं। इस वक़्त क्या ज़रूरत थी टीना को अपना दाहिना हाथ लंबा करने की और पलंग के नीचे डालने की? पिल्ले ने अभी-अभी जूना को झेला है और अब टीना का चार मीटर लंबा हाथ?

पलंग से पिल्ला बाहर तो आ गया, पर उसकी छोटी-सी आँखों में बहुत बड़ा सवाल था- क्या मुझे तुम जैसे पागलों के साथ रहना पड़ेगा?

जूना का रोना बंद करने का एक ही उपाय था। टीना ने अपना कान पकड़ा, सॉरी कहा और उसे एक पप्पी भी दे दी।

इसके साथ ही जूना की आँखों के आगे लाल रंग के दिल हवा में तैरने लगे। कमरा लाल गुब्बारों से भर गया, पर बेचारे पिल्ले के लिए एक और ट्रैजिडी।

देख रहे हो ना टीना जी का कमरा? लाल गुब्बारे, इधर-उधर-हर कहीं, छोटे-बड़े, उड़ते हुए, तैरते हुए। पिल्ला लुढ़क रहा है, फिसल रहा है, गिर रहा है।

ये वक़्त नहीं है गुब्बारों से खेलने का। पर यह बात भी सच है कि जूना जब भी ख़ुश होता है, तो बावला हो जाता है।

किसी तरह कमरे से गुब्बारे गायब करवाए गए, जूना को पंखे के पास पहुंचाया गया और रोते हुए पिल्ले को सुलाया गया।

अब बोस्की ने एकदम से आँखें बड़ी बनाते हुए कहा, 'इनफ सिस्टर। मैं तुम्हें लास्ट फाइव नाम दे रही हूँ। इनमें से एक रख दो। नहीं तो मैं इसका नाम स्टुपिड रख दूंगी।'

ज़्यादा चॉइस नहीं थी–

फोमो, बूजो, चोच्वीट, चार्ली, जूडो।

नाम सुनते ही टीना की आँखों में चमक आ गई। बोस्की समझ गई कि टीना को कोई एक नाम जम गया है तो अब नाम की चिंता खत्म और पार्टी शुरू।

पार्टी टाइम,

सवाल यह उठता है कि आख़िर टीना घर में पार्टी करने को मान क्यों गई? ज़रा-सी ज़िद करती या नखरे दिखाती तो पप्पा ज़रूर कोई बैंक्वेट हॉल या रेस्तरां बुक कर देते। टीना को लगा कि घर पर उसे क्वीन जैसा ट्रीटमेंट मिलेगा और सब उसे खूब पैंपर करेंगे। वैसे मम्मी को घर पर मेहमानों का जमघट कम ही पसंद है। पर टीना की ज़िद थी, तो सबको मानना पड़ा। जो हो गया, सो हो गया। टीना के फ्रेंड्स बड़े-बड़े गिफ्ट लेकर आने लगे। सोलह साल की टीना हर दो मिनट में किसी ना किसी के सामने जा कर पतली आवाज़ में शिकायत करती- अभी तक केक नहीं आया? रेड फ्लावर्स? मम्मा आपने कहा था कि आप पूरा घर रेड फ्लावर से सजाएंगी? प्लीज, कोई जूनो को कपबर्ड में डाल दो। बोस्की, तूने ये गोल्डन आई शैडो क्यों लगाया? बर्थडे मेरा है कि तेरा? तू मुझसे ज्यादा सुंदर कैसे लग सकती है? उफ! दादी को बोलो ना इतनी ज़ोर से गाना ना गाए? प्लीज नो हिंदी सॉन्ग...

सुलेखा दादी और सुप्रिया दादी ख़ास तौर पर तैयार हुई थीं, टीना के हैप्पी वाले बर्थडे के लिए। बैल बॉटम, ढीली-सी कुर्ती और उसके ऊपर बेल्ट। उन्होंने अपने सफ़ेद बालों में बढ़िया-सा शैंपू किया था और पिंक रिबन भी लगाया था। अचानक बोस्की ख़बर लेकर आई कि दोनों दादियाँ एक आयटम साँग पर डांस पेश करने वाली हैं। इससे पहले कि

टीना उन्हें रोकती या बेहोश होने का ड्रामा करती, पापा और जिग्गी आंटी ख़ुश हो कर ताली बजाने लगे।

टीना के दोस्त कमरे में एक तरफ़ हो गए और दूसरी तरफ़ घर के लोग। और ये हुई एंट्री दोनों दादियों की, आई पैड पर गाना बजने लगा- पिया तू.... अब तो आ जा।

दोनों दादियाँ झूम-झूम कर नाचने लगीं। पापा इतनी ज़ोर से तालियाँ पीट रहे थे, कि मानो मैडोना नाच रही हो।

सोलह साल की लड़की पहले चौंकी, फिर घबरा गई। दादी ने तो उसका बर्थडे सबोटाज कर लिया!!! हैल्प, हैल्प...

अपने दोस्तों को घेर कर टीना फौरन बालकनी में आ गई, 'गर्ल्स, ये आयटम मेरी लिस्ट में नहीं था...मैं तो तुम लोगों को कुछ और सरप्राइज देने वाली हूँ!'

'पर टीना, हमें तो मज़ा आ रहा है। तुम्हारी दादियाँ कितनी कूल हैं।' डॉली ने आँखें नचाते हुए कहा।

टीना अब डर गई कि उसकी सहेलियों को दादी का डांस पसंद आया? ऐसे कैसे? ना सिर्फ़ पसंद आया, बल्कि वे फौरन अंदर जा कर उनके साथ नाचने लगीं। डॉली तो कुछ ज़्यादा ही इतरा रही थी।

खैर डांस हो गया, केक कट गया। और अब बारी आई टीना के थैंक्स गिविंग स्पीच की- स्वीट सिक्सटीन वाली स्पीच-

डियर दादीज, पापा, मम्मी, बोस्की, एंड माय लवली फ्रेंड्स...ओ माय गॉड! मैं सिक्सटीन की हो गई। अब तक की लाइफ़ बहुत हैपनिंग रही है। होप सो, आगे एडवेंचरस भी रहेगी। मैंने बहुत सोचा कि क्या कोई रिजॉल्यूशन लूं? नो, अभी नहीं।

आज मेरा स्पेशल डे है। आज मैं कुछ अलग-सा करने जा रही हूँ। आपके सामने ला रही हूँ, मेरा बेस्ट गिफ्ट, चार्ली...

टीना ने बड़े ड्रामाटिक अंदाज में चीखते हुए हाथ नचा कर इशारा किया। दूसरे कमरे से बोस्की आई। हाथ में सजा हुआ कार्ड बोर्ड का डिब्बा लिए, धीरे से वह रैपर खोलने लगी। (यह बताने की ज़रूरत तो नहीं कि डिब्बे में उसने कई सारे विंडो बना रखे थे, स्टुपिड समझे नहीं कि अंदर कौन हो सकता है?)

डिब्बा खुला, टीना को उम्मीद थी कि अंदर से आवाज़ आएगी, कोई उछल कर उसके पास आएगा। पर अंदर से तो छोटे-छोटे रंगीन बॉल निकल रहे थे। जगमगाते हुए। जो डिब्बे से बाहर आते ही इधर-उधर लुढक़ने लगे।

टीना ज़ोर से चिल्लाई- 'चार्ली, चार्ली, कहाँ गया?'

बोस्की डर गई। डिब्बे में तो पिल्ला उसने ही रखा था। क्या इतनी छोटी खिड़कियों से बाहर निकल गया? और उसकी जगह ये बॉल कहाँ से आ गई?

सिस्टर्स और जो भी हों, बुद्धू नहीं थीं। समझ गईं कि इसके पीछे कौन हो सकता है। टीना को भयंकर ग़ुस्सा आ रहा था।

दादी, पापा, मम्मी सब हैरान थे, बस जिग्गी आंटी मुस्करा रही थी। उन्होंने टीना को इशारे से अपनी तरफ़ बुलाया और फुसफुसाते हुए बालकनी तक ले आईं।

टीना इतने गुस्से में थी कि मुँह से आवाज की जगह आँख से आंसू आ गए, 'आंटी, वो जूना...'

'हाँ टीना, मुझे पता है कि जूना बहुत परेशान कर रहा था तुम्हें। इसलिए मैंने उसे अपने अफ़्रीक़ा वाले घर में भेज दिया है।'

कहीं तुम अफ़्रीक़ा का नाम सुन कर चौंक तो नहीं रहे? भूलो मत, जिग्गी आंटी जादूगरनी है। रियल वाली मैजिशियन। वे जिसे चाहे, जब चाहे और जहाँ चाहे किसी को भी कहीं भेज सकती हैं।

'और कुत्ते का पिल्ला? चार्ली? वो कहाँ है?'

'वो तो नहीं पता!'

टीना ने फिर सवाल किया, 'आंटी, जूना को जब आपने गायब किया, तो उसके पास कुछ था? बैग या डिब्बा?'

आंटी सोच कर बोलीं, 'हाँ कंधे पर कुछ लटका तो रखा था उसने।'

टीना ज़ोर से रोने लगी, 'वो मेरा बर्थडे गिफ्ट- पिल्ला अपने साथ ले कर गया है। जूना सुबह से अपसेट था। आपको तो पता है ना वो कितना जलता है दूसरों से। वह उस छोटे से पिल्ले को अपने साथ लेकर गया है। पता नहीं कैसा होगा मेरा चार्ली...'

'ओह, तुम घबराओ मत। मैं अभी जूना को यहाँ बुलाती हूँ। चार्ली को वह साथ ले आएगा। तुम बाहर जा कर अपने फ्रेंड्स के साथ पार्टी करो। दस मिनट बस... जूना को आने में बस इतना ही टाइम लगेगा।'

जिग्गी आंटी, टीना को हैरान-परेशान छोड़ कर दूसरे कमरे में चली गई।

टीना के दोस्त रंगीन बॉल एक-दूसरे पर फेंक रहे थे। टीना को हर बॉल में जूना का चेहरा दिख रहा था। बदमाश कहीं का। आने दो, सिर पर कपड़ा डाल कर दो लप्पड़ नहीं लगाए तो!

दस मिनट बाद टीना फौरन जिग्गी आंटी के पास पहुँच गई।

आंटी किसी से फोन पर गुस्से से बात कर रही थीं, 'देखो उस चेप को, मुझसे कह रहा है कि घर नहीं आएगा। पता नहीं कहाँ ले गया है टीना के पप्पी को।'

टीना के पांव जम गए। उसका पप्पी, जिसका नामकरण भी नहीं हुआ, अफ़्रीक़ा जैसे देश में जूना के साथ...नहीं। ओह पता नहीं उसका क्या होगा? जूना पागल है... जूना...

जिग्गी आंटी ने टीना को देख लिया। वो बात बदलते हुए बोली, 'टीना, माइ बेबी, कैसी चल रही है पार्टी? बस रास्ते में हैं दोनों। आते ही होंगे।'

'आंटी, जूना चार्ली को कहाँ ले गया है? मेरी बात करवाओ उससे। मैं ऐसा मुक्का मारूंगी उसके मुँह पर कि...'

'मैंने कहा ना... मैं बुला रही हूँ उसे।'

टीना का उतरा हुआ चेहरा देख कर जिग्गी आंटी ने कहा, 'तुम भूल जाती हो कि कुछ जादू तो तुम्हें मैंने भी सिखाया है। तुम्हें याद है पिछली बार जूना जब बोस्की को आसमान में घुमाने ले गया था, तो तुमने क्या किया था?'

'दो साल पहले की बात है। मैंने यहाँ से अपने हाथ लंबे किए और आसमान में उड़ रहे जूना के बाल पकड़ कर खींचे। और वह लौट आया...'

'इस बार वो आसमान में नहीं, जंगल में है। किसी ऊंचे पेड़ की डाली पर छिप कर बैठा है। बहुत नाराज़ है तुमसे।'

'लेकिन क्यों जिग्गी आंटी? मैंने तो ऐसा कुछ नहीं किया उसके साथ।'

'टीना, जूना को लग रहा है कि पिल्ला आने के बाद तुम उसे भाव नहीं दोगी। बस...'

'कितना सिली है जूना। मैं अभी जाती हूँ जंगल।'

'पर देखो टीना, उसे ढूंढ कर दस मिनट में वापस आ जाना। एक बार जंगलों में रात होने लगेगी तो तुम भटक जाओगी।'

टीना अभी जिग्गी आंटी से बात कर ही रही थी कि बोस्की वहाँ आ गई। उसने ज़िद पकड़ ली कि वह भी टीना के साथ जाएगी। जादू से कहीं आने-जाने में टाइम थोड़े ही लगता है? आपने सोचा और पहुंच गए वहाँ।

दोनों बहनों ने एक-दूसरे का हाथ पकड़ा, मन के कंप्यूटर में जूना की लोकेशन ढूँढी और चट से पहुँच गई एक घने जंगल में। ग़नीमत कि वहाँ अभी काफी धूप थी। और अजीब से जानवरों की आवाज़ भी।

बोस्की ने धीरे से पूछा, 'सिस, हमारा जादू यहाँ काम तो करेगा ना?'

टीना ने उंगली के इशारे से चुप करवाया। फिर फुसफुसाकर बोली, 'धीरे बोल, अगर उस पाजी को पता लग गया न कि हम उसे ढूंढने यहाँ आए हैं, तो वो भाग जाएगा यहाँ से। तुम भूल रही हो कि उसे गायब होना भी आता है।'

ओफ! हैप्पी वाले बर्थडे के दिन ही ऐसा होना था? अचानक टीना के अंदर ट्रिंग-ट्रिंग घंटी बजी। कहीं पास से सिग्नल आ रहा था। टीना उड़ती हुई और ऊपर चली गई। अब उसे नीचे सब साफ़ नज़र आ रहा था। पेड़ के नीचे कई सारे बंदर जमा थे। अफ्रीक़न बंदर- लाल मुँह वाले। उनके बीच में एक झूला-सा था और उस पर कोई झूल रहा था। दरअसल बंदर झूले में एक बच्चे को झुला रहे थे। टीना ने ध्यान से देखा- झूले पर बंदर नहीं, उसका नया नकोर पिल्ला- चार्ली था। चार्ली ने लाल रंग का कोट और पांवों में बूट पहन रखे थे। और बड़े मजे से झूल रहा था, लाल मुँह वाले नए प्राणियों से ना कोई डर, ना दहशत!

पर टीना ज़रूर दहशत में आ गई थी ये सब देख कर। जूना ने ये क्या कर डाला उसके पिल्ले के साथ? वह तुरंत पेड़ से उतर कर नीचे पहुंची। अपना हाथ लंबा करके बंदरों को हुश-हुश करके भगाया। पिल्ले को हाथ लगाने ही वाली थी कि पिल्ले ने ज़ोर से दहाड़ कर कहा, 'मैं घल नई आऊंगा। इदल ही लहूंगा।'

टीना ने ज़बरदस्ती पिल्ले को गोद में लिया। अबकि पिल्ले ने अपना चेहरा जोर से घुमाया। मतलब घुमाने वाला घुमाना नहीं। पूरे तीन सौ साठ डिगरी पर गोल-गोल।

तो जूना ने बस आधे घंटे में चार्ली को अपने जैसा बना लिया!!!

वह रोने लगी। एक सोलह साल की लड़की जैसा रोती है, बिलकुल वैसे। भूल गई कि वह एक मिनी जादूगरनी है और अभी-अभी हजारों मील उड़ कर अपने पिल्ले को ढूंढने यहाँ आई है।

उसका रोना सुन कर जूना को पिघलना तो था ही। जूना बड़े ठाठ से उसके सामने आया और बोला, 'बड्डे गर्ल, ऐसे नहीं रोते।'

'तुमने मेरे पिल्ले के साथ क्या कर दिया? उसे भी अपने जैसा बना दिया? किसी को तो नार्मल रहने देते जूना।'

जूना उदास हो गया, 'प्लीज अपना रोना बंद करो, मैं डर गया था। पिल्ले के आने के बाद तुम मुझे भाव नहीं दोगी। ये सब सोचकर मैं इनसेक्योर हो गया था दोस्त, सॉरी।'

'तो फिर पिल्ले को पहले जैसा बना दो।'

अबकि बार चार्ली ने अपना छोटा-सा पंजा सेंकेंड भर में बड़ा करके जूना की पीठ पर धौल मारते हुए कहा, 'नई, नई, नई, मेले को वापच पिल्ला नहीं बनना। मेलेको भी जादू कलना ऐ। में इदल मंकी लोगों के चात खेलूंगा। उनकी पुछी पकल कर गोल-गोल गुमाऊंगा। उनकी पीत पर बैटूंगा।'

चार्ली उछल-उछल कर ताली बजाने लगा। तुम सोच सकते हो, कहाँ तक उछला होगा वो? पेड़ के ऊपर बैठी बोस्की तक। बोस्की वैसे तो जल्दी नहीं घबराती थी, लेकिन

इसे देखकर तो वह सबकुछ भूल वह धड़ाम से नीचे गिर गई।

बोस्की से जूना थोड़ा डरता था। अब तो वह घबरा गया था। जिग्गी आंटी तो उसकी खाट खड़ी कर देगी। बोस्की को थोड़ी चोट लग गई, पर फिर भी उसने गुर्रा कर जूना से कहा, 'तुम्हें शर्म नहीं आती जूना, इस तरह तुम टीना का बर्थडे स्पॉइल कर रहे हो? ये है तुम्हारी फ्रेंडशिप? वी हेट यू!'

जूना एकदम पिचक कर जमीन पर फैल गया। हेट... आँखों से बूंद गिरने लगे। उसके बूंद भी तो कद्दू की तरह ये बड़े होते हैं। उसने हिचकियां लेना शुरू किया,'तुम लोग मुझसे हेट करोगे, तो मैं कहाँ जाऊंगा? आख़िर है ही कौन मेरा इस दुनिया में? हमेशा तुम दोनों ऐसा ही करती हो, मुझे इग्नोर करती हो।'

नीचे इतना पानी भर गया कि चार्ली पानी में उछल-कूद मचाने लगा।

मेंढ़कों की टर्राने की आवाज़ आने लगी। टीना कुछ घबरा कर बोली, 'जूना, रोओ मत। प्रॉमिस, हम दोनों तुम्हें कभी इग्नोर नहीं करेंगे। तुम तो हमारे सबसे पुराने दोस्त हो। पर प्लीज़, पिल्ले से अपनी जादुई पावर्स वापस ले लो। देखो, अगर तुम ज्यादा रोओगे तो यहाँ नदी बन जाएगी। सबसे पहले मगरमच्छ आएंगे और तुम तो मगरमच्छ से डरते हो ना?'

मगरमच्छ का नाम सुनते ही जूना ने तुरंत रोना बंद किया।

टीना ने कहा, 'हमें फौरन वापस चलना चाहिए। जिग्गी आंटी ने कहा है, अंधेरा होने से पहले लौट आना। जूना तुम पिल्ले को गोद में उठाओ। एक दो तीन...'

वे सब पेड़ के ऊपर आ गए। बस अकेला चार्ली ही चिल्ला रहा था, 'मेले को इदल से नहीं जाना। मैं नदी में नहाऊंगा।'

टीना ने सिर पीट लिया। अभी तक तो घर में एक जूना को संभालना मुश्किल था, और अब ये बोलने वाला पिल्ला भी!

आँख खोलते ही वे सब अपने घर की बालकनी में थे।

टीना ने चार्ली को गोद में उठाया और जल्दी से कमरे में आ गई। उसने अपने दोस्तों को पिल्ला दिखाते हुए कहा- ये देखो मेरा सबसे अच्छा तोहफ़ा, चार्ली।

पिल्ले को देखकर सब लड़कियाँ ख़ुश हो गईं। फिलहाल तो वो भी लाल कोट और बूट में ख़ुश लग रहा था। जूना का शिष्य था, लड़कियों से मिलकर ख़ुश तो होना ही था।

तो इस तरह टीना मैडम ने अपनी ज़िन्दगी का सबसे दिलचस्प बर्थडे मनाया।

रात को जब टीना- बोस्की, पापा, मम्मी और दादियों को अपने छोटे से एडवेंचर के बारे में बता रही थीं, तब सुलेखा दादी ने कहा- ऐसे फालतू कामों में जादू का इस्तेमाल करते हो, तुम सबको तो बॉर्डर पर भेज देना चाहिए दुश्मनों से लड़ने। वहाँ करो ना ऐसी बहादुरी...

इस बार पर सबसे ज्यादा ताली किसने पीटी, पता है...

नहीं जूना ने नहीं, उसका शिष्य- चार्ली द ग्रेट ने। अपनी मुंडी गोल-गोल घुमाते हुए वह कहता जा रहा था- बेजो ना, किदल भी बेजो, में चबको माल के आऊंगा!!!

उसकी इस बेजा हरकत से ना कोई डरा, ना ही कोई दहशत में आया। जादूगरों के परिवार में ऐसे छोटे-मोटे क़िस्से तो रोज़ ही होते रहते हैं।

जूना हुआ किडनैप

ऐसा लग रहा था कि अब सब कुछ ठीक है, या हो जाएगा। फिर ठंड के दिन आ गए। दिल्ली एनसीआर में एकदम से, अचानक एक दिन ठंड पड़ने लगती है। एक दिन पहले आपने फैन या एसी तक चलाया होगा। लेकिन अगले दिन सुबह उठते ही ऐसा लगेगा जैसे रेगिस्तान से ठंडिस्तान में आ गए हों। बालकनी का दरवाजा कुछ यूं खुलता है जैसे शिमला का कोई रिजॉर्ट हो, बस अब ना तब बर्फ़ गिरने ही वाली हो। यहाँ रहने वालों को पता है कि इसे बर्फ़ नहीं स्मॉग कहते हैं जो पोल्यूशन का बड़ा भाई है।

तो ये हो गया था। घर के छोटे-बड़े सब मोटे-मोटे जैकेट्स में आ गए। सबके हाथ में सूप के कप आ गए। सबके सिर पर मंकी टोपी और सबकी नाक एक साथ सुर्रसुर्र आवाज निकालने लगी। ठंड की घोषणा होने के साथ ही घर के एक मेंबर की सिट्टी-पिट्टी गुम हो गई।

गेस करना मुश्किल नहीं। कोई कौन बनेगा करोड़पति का सवाल नहीं है। आसान जवाब है- जूना। जिसे पता नहीं क्यों बंपर ठंड लगती है। ठंड शुरू होते ही उसके लंबे-

लंबे अजीबोगरीब दांत अजब तरीके से बजने लगते हैं। वो हर मिनट के बाद कहता है, ओह, कितनी ठंड। मैं तो मर जाऊंगा। हर दूसरे मिनट हाथ पीसता है और हर तीसरे मिनट मुंह से धुआं-सा निकालने लगता है। चौथे मिनट की ना ही पूछो। जो पास में खड़ा हो, उसके जैकेट के भीतर घुस कर रोने ही लगता है।

जूना को वैसे भी झेलना मुश्किल है। पर सर्दियों में तो सच्ची में सिरदर्द बन जाता है। इस अझेल को लेकर इस समय दोनों बहनों में गंभीर मीटिंग चल रही है। वो भी कमरे का दरवाजा बंद करके। जिससे जूना भीतर ना आ पाए। दोनों को सोचना होगा और एक डिसीजन पर पहुंचना होगा कि सर्दियों में इस सिरदर्द से कैसे छुटकारा पाया जाए।

हमेशा की तरह अचानक बोस्की ने चुटकी बजाई, 'सिस्टर, वो दो दिन पहले माया आंटी आई थी ना घर पर, जिग्गी आंटी की बेस्ट फ्रेंड। उनकी बेटी राया की शादी का कार्ड देने। तुझे तो पता ही है कि शादी के नाम पर जूना दीवाना हो जाता है, टोटली मैड। पापा से कहेंगे कि चंडीगढ़ अपनी बड़ी वाली गाड़ी में ले चलें। जूना को गाड़ी की डिकी में बैठा देंगे...'

टीना उसकी बात बीच में काट कर ज़ोर से बोली, 'और बीच में गाड़ी रोक कर उसे कहीं टपका देंगे...'

बोस्की ने घूर कर अपने से तीन साल बड़ी अपनी बहन का चेहरा देखा, जो इस वक्त उसे सबसे बड़ी डफर लग रही थी।

'टपका देंगे? मतलब खत्तम कर देंगे? टीन यू आर सो मीन। जूना से हमें सिर्फ ठंड के दिनों में जुदाई चाहिए, हमेशा के लिए नहीं। उसे हमें ऐसी जगह छोड़ना होगा, जहाँ से वो पूरी ठंड हमारे पास वापस ना आने पाए।'

'मैं भी तो यही कह रही थी स्टुपिड। कोई अच्छी जगह देख कर टपका देंगे।'

'और वो अच्छी जगह क्या होगी सिस?'

टीना सोचने लगी। एक मिनट भी भारी पड़ गया। बोस्की को पता था उसकी बहन के पास इस सवाल का कोई जवाब नहीं होगा। उसकी डब्बागुल आईक्यू पर बोस्की को पूरा यक़ीन था।

आख़िरकार बोस्की बोली, 'तुम सोच नहीं पा रही तो मैं कुछ बताऊं? चंडीगढ़ में जिग्गी आंटी के घर पर हम सब जाएंगे ही तैयार होने। जब हम वहाँ से शादी के लिए निकलने लगेंगे, जूना को जिग्गी आंटी के घर के बेडरूम में बने एंटीक में ले जाएंगे। तुम्हें पता है ना एंटीक में रखे सामानों को देखना जूना को कितना पसंद है। वो सामान देखने लगेगा और हम वहाँ से खिसक जाएंगे। शादी के बाद हम गुडगाँव वापस आ जाएंगे। जिग्गी आंटी तो वैसे भी सर्दियों में हमारे पास नहीं आतीं। तो जूना को वहीं रहना पड़ेगा। आंटी अपने घर से जूना को नहीं निकालेंगी। कैसा है मेरा आयडिया?'

टीना को तारीफ़ करना आता नहीं था। खासकर तब, जब उसकी छोटी बहन कोई अच्छा आयडिया ले कर आती थी। उसे तकलीफ होती थी, यह कहने में कि बोस्की अकसर उससे बढ़िया सोचती है।

टीना ने धीरे से सिर हिलाया और सोचते हुए कहा, 'देखते हैं। मेरे पास इससे अच्छा आयडिया आ सकता है। वैसे तेरा आयडिया बुरा नहीं है। हाँ, थोड़े लोचे हैं जैसे कि अगर जूना को अटारी में रखे सामान पसंद नहीं आए तो? अगर जिग्गी आंटी हमारे साथ रहें तो? और अगर जूना को बुखार हो जाए तो?'

बोस्की ने अपना सिर स्टाइल से झटकते हुए कहा, 'मुझे तुम्हारे धांसू आयडिए का कल सुबह तक इंतज़ार रहेगा। हमें परसों निकलना है चंडीगढ़ के लिए। अगर हम जूना को साथ लेकर जा रहे हैं, तो उसका सामान भी पैक करना होगा। तुम्हें पता है न अच्छे से कि जूना अपने पांच जैकेट लिए बिना दिल्ली से बाहर नहीं जाता। फिर उसका खाना-पीना और दवाइयां तो हैं ही।'

टीना ये सब जानती थी और ये भी कि जूना को साथ ले जाना मम्मी को कितना नापसंद है। मम्मी को मनाना होगा और पापा को भी। ये दोनों काम केवल बोस्की ही कर सकती है।

जाहिर है टीना के पास ना कोई आयडिया था, और ना ही ऊपर से कहीं से टपकने वाला था। सो अगले दिन सुबह तय हो गया कि बोस्की मम्मी-पापा से बात करेगी और टीना जूना से। पापा से बात करना आसान था। वो तो झट से बोस्की की कोई भी बात मान जाते थे। लेकिन मम्मी? ख़तरनाक था उनसे कुछ भी मांगना। मम्मी बाल की खाल और खाल का जाल, जाल का माल सबकुछ निकाल लेतीं। जैसे ही बोस्की ने मम्मी का सही मूड देखा और प्रस्ताव रख दिया, 'सुनो ना मम्मा। हम चंडीगढ़ जूना को भी ले चलते हैं। अच्छा टाइम पास हो जाएगा।'

मम्मी के हाथ में कॉफ़ी का मग था, हाथ से छूट गया। गर्म कॉफ़ी मम्मी की शर्ट पर गिर गई। मम्मी ग़ुस्से में आ गई। मूड ने एक सेकेंड में पाला बदल लिया, 'बोस्की, इतने बेकार के आयडिया तुम्हें कहाँ से आते हैं? जूना को ले चलें? क्यों? नो। वो घर पर रहेगा। राजू के साथ।'

राजू घर का नौकर है। हालांकि जूना से उसकी बिलकुल नहीं बनती। पर यहाँ बनाने से किसको मतलब है? यहाँ तो बस जूना को साथ ना ले जाने से मतलब है।

बोस्की ने अपनी आवाज़ में एक्स्ट्रा स्वीटनेस घोलते हुए कहा, 'जूना ने कहा था, उसे शादी अटैंड करना बहुत पसंद है। कभी तो उसकी तरफ़ से भी सोचिए मम्मा। वो भी तो ज़िन्दगी के मज़े लेना चाहता है। उसकी भी विश लिस्ट

है, और फिर जिग्गी आंटी होगी ना हमारे साथ। वो उसका ख्याल रखेंगी।'

'ना बाबा ना। नो मीन्स नो। जूना को सबके सामने ले जाने का मतलब है मुसीबत बुलाना। वो नॉर्मल जानवर नहीं है।'

'जानवर नहीं मम्मा, पालतू जानवर। हमारा पैट है।'

'ठीक है। पर शादी में ले जाना? बिलकुल नहीं। जूना और चार्ली घर पर रहेंगे। मैंने रघु से बोल दिया है। वो संभाल लेगा। तीन दिन की बात है बस और बोस्की... इस बारे में मुझे अब कोई बात नहीं करना। इट्स फाइनल।'

बोस्की चुप हो गई। मम्मी को मनाना ऐसा है जैसे नूडल्स को सीधा करना, टीना की आवाज़ में सॉफ्टनेस लाना और पापा की हंसी को बंद करवाना। अब जो भी करना होगा, मम्मी को बिना बताए करना होगा। ऐसा पहली बार नहीं हो रहा। होता आ रहा है, पहले भी किया है। मम्मी को पता भी लगा है और दोनों बहनें पिटी भी हैं। ठीक है, पूरी ठंड जूना की किटकिट सुनने से तो बेहतर है मम्मी की एक वक़्त की पिटाई सह लेना। पापा सामने होंगे तो बचा लेंगे। जिग्गी आंटी हुईं तो डबल पिटाई हो जाएगी।

सो बोस्की ने तय कर लिया कि सुबह-सुबह पापा से गाड़ी की डिकी खुलवाएगी और जूना को एक अच्छा-सा जैकेट पहना कर, मुँह में हाजमोला डाल कर उसे आराम से

सेट कर देगी। जब तक मुँह में दो-चार हाजमोले की गोली रहेगी, जूना चुप रहेगा। बीच रास्ते में अगर बोलने भी लगे तो नो प्रॉब्लम। बीच रास्ते में मम्मी को जूना के बारे में पता भी चल जाए तो ज्यादा से ज्यादा बड़बड़ करेंगी, बोस्की पर आँखें तरेरेंगी और अगर लड़की का बैड लक ज्यादा ही बैड हो तो एकाध लाफा भी मार सकती हैं। बोस्की तैयार है, कम से कम अभी तो तैयार ही है और बाद की बाद में देखी जाएगी।

जूना पता नहीं कैसे चुप रहा। मतलब डिक्की से कोई अगड़म-बगड़म आवाज भी नहीं आई। रिलैक्स हो कर बोस्की अपने कानों में इयर प्लग्स लगाए जस्टिन बीबर को सुनने लगी। टीना उसके बगल में बैठी अंकल चिप्स टूंग रही थी। यानी सब कुछ शांति से चल रहा था। पापा का किशोर कुमार के पुराने गाने गाना, मम्मी का बड़ा वाला गॉगल लगाए खिड़की के बाहर देखना और दोनों बहनों का मस्त रहना। पर कुछ तो अजीब था। जूना इतनी देर शांत कैसे रह सकता था? हाजमे की गोली का असर बहुत हुआ तो दो घंटे चल सकता था। पर अब लगभग तीन घंटे होने को आए और ना कोई चूं ना कोई चां। चलो, अच्छा है, हो सकता है जूना सो गया हो। चलती गाड़ी में उसे नींद भी तो भयंकर वाली आती थी। पापा ने चंडीगढ़ से पहले मुरथल में गाड़ी रोकी। इस बहाने कि किसी को छोटा-बड़ा कुछ काम करना हो तो कर लो। पर मम्मी भी जानती थीं और बेटियां

भी कि मुरथल के पराठों में पापा की जान बसती थी। पापा कहते नहीं थे, बस खाते थे।

सो पापा के गाड़ी रोकते ही मम्मी भी नीचे उतरते हुई बोलीं, 'आज तो मुझे भी भूख लगी है।'

टीना को उतरना ही था, खाना ही था। बस बोस्की थी जो जूना को गाड़ी में अकेले छोड़ कर जाना नहीं चाहती थी। उसने टीना से कहा, 'सिस, मेरे लिए स्पाइसी चिप्स के दो पैकेट ले आना। और पेप्सी भी। देख टीन्स, वहाँ मेरा वाला स्विस आलमेंड का चॉको बार मिल जाए तो वो भी....'

टीना चिढ़ गई, 'पूरी शॉप ना ले आऊं? सिली गर्ल।'

'यू आर सो स्टुपिड टीन। मैं आऊंगी तो जूना को कौन देखेगा? लगता है हमारा फ्रेंड सो रहा है। गाड़ी बंद हो जाएगी तो वो सांस कैसे लेगा? मैं रहूंगी तो एसी तो ऑन रहेगा ना?'

टीना समझ गई। उसकी छोटी बहन हमेशा सही वक़्त पर सही बात कह देती है।

दो घंटे बाद चंडीगढ़ में जिग्गी आंटी के घर के सामने पापा की बड़ी वाली एसयूवी खचाक से जा कर रुकी। पापा के डिक्की खोलने से पहले बोस्की दौड़ कर उनके पास पहुंच गई। दरअसल गुड़गांव में डिक्की में लगेज रखने के बाद वो जूना को अपने घर से नीचे ले कर आई थी डिक्की में सेटल करने। अभी भी कुछ ऐसा ही करना होगा।

टीना ने मम्मी को बाहर बिजी रखा और बोस्की पापा की हैल्प करने के बहाने यह घोषणा करते हुए दौड़ कर पीछे आई, 'डैड, लेट मी हैल्प यू।'

पापा के लिए यह नई बात थी। बोस्की की हैल्प यानी आफत को बुलाना। कुछ तोड़फोड़ और कुछ चोटें। इन सबसे बचने के लिए वह जोर से बोलें, 'बोस्की बेटा, रहने दो। जिग्री का मैन फ्राइडे आएगा वो ले जाएगा सामान। तुम मम्मी को लेकर जाओ। वैसे ही ठंडी हवा चल रही है, मम्मी को कोल्ड हो जाएगा तो हम सबको गर्म कर देगी।'

पापा और उनका सेंस ऑफ ह्यूमर भी न!

बोस्की टली नहीं, पापा ने डिकी खोली। बोस्की ने अंदर झांका और उसके मुँह से चीख निकल गई वो भी ज़ोर से।

उफ! पापा को लगा हमेशा की तरह बोस्की ने अपने पैरों पर पैर मार लिया है। लोग कुल्हाड़ी मारते हैं और ये खुद को मारती है।

पर नहीं। बात वो नहीं थी, बात इससे ज़्यादा ही ख़तरनाक थी। डिकी के भीतर जूना नहीं था। सारे लगेज थे। बोस्की का पिंक बैग, टीना की ब्लू स्ट्रॉली, मम्मी का गोल्डन सूटकेस और पापा का ब्लैक किटबैग, बस गायब था तो जूना। दो फीट और पच्चीस किलो का जीता-जागता मिनी डायनो- जूना।

बोस्की को तलाशी लेने की कोई ज़रूरत नहीं थी साफ़ दिख रहा था कि जूना गायब है। पूरा का पूरा। तो क्या ये उसका कोई मैजिक है? क्या वो समझ गया था कि सिस्टर्स ठंड से बचने के लिए उसे यहाँ डंप करने लाई हैं?

बोस्की की हाहाकार सुनकर टीना भी दौड़ती हुई वहाँ आ गई और पीछे-पीछे मम्मी और जिग्गी आंटी भी। बोस्की ने हाहाकार करते हुए और दोनों हाथ आसमान में फेंकते हुए कहा, 'जूना गायब हो गया...'

जिग्गी आंटी का एंटेना ऑन हुआ, 'गायब मतलब? गायब होने के लिए सामने होना पड़ता है ना?'

मम्मी ने घूर कर बोस्की की तरफ देखा, 'मैंने मना किया था साथ लाने को... है ना बोस्की?'

बोस्की के चेहरे पर बारह बजने लगे। उसने जिग्गी आंटी की तरफ देखा और नहीं में सिर हिलाया।

जिग्गी आंटी की आवाज तेज़ हो गई, 'इसका मतलब वो गाड़ी में था? और यहाँ से गायब हो गया?'

बोस्की ने हाँ में सिर हिलाया।

'कैसे? मुझे बताए बिना गायब कैसे हो सकता है! रुको, मैं कोशिश करती हूँ उसे ट्रैक करने की।'

जिग्गी आंटी कोने में चली गई। उन्हें बस अपने दिमाग में जूना की इमेज लानी है, और उन्हें पता लग जाता है कि जूना कहाँ है।

जिग्गी आंटी ने आँखें बंद की।

दूसरी तरफ टीना बोस्की के पास आ गई और उसके कान के पास जाकर फुसफुसाती हुई बोली, 'सिस्टर। तुमने सच में जूना को देखा था ना डिकी में?'

बोस्की की आवाज रोकते-रोकते भी तेज हो गई, 'तुम भी तो थी वहाँ, जब हमने जूना के मुँह में हाजमोला डाली थी। हम दोनों ने डिकी का दरवाजा बंद किया था।'

'येस, किया तो था। मुझे याद है, और जूना ने हाजमोला मुँह में डालने से पहले ये भी कहा था, इसका टेस्ट सही नहीं है, ऑरेंज फ्लेवर लाना था ना।'

पापा धीरे से बोले, 'तुमने मुझे बताया क्यों नहीं? '

बोस्की सिर झुका कर बोली, 'मम्मा ने मना कर दिया था। आपको पता है ना डैड, ठंड में जूना का कितना बुरा हाल होता है और वो हमारा बुरा हाल कर देता है। आप लोग तो जूना को हमारे रूम में छोड़कर आराम से सो जाते हो। वो पूरी रात दांत बजाता है, चिल्लाता है। हमने कितनी बार कहा, जूना को हमारे कमरे से बाहर निकालो, पर आप लोग...!'

जिग्गी आंटी जोर से चिल्लाईं, 'बोस्की, जरा अपनी आवाज कम करो। मैं जूना के साथ कनेक्ट नहीं कर पा रही हूँ।'

बोस्की ने मुँह बंद कर लिया। मम्मी की आँखें लेकिन बंद नहीं हुईं। ऐसा लग रहा था जैसे उनमें से चिंगारी निकल रही हो। बोस्की उनके मना करने के बावजूद कैसे ले आई जूना को? और अब ये नया तमाशा? कहाँ चला गया उनका विचित्र जानवर? जानवर कहें तो जिग्गी गुस्सा हो जाती हैं और बच्चा कहने पर मम्मी।

कुछ ही मिनटों बाद जिग्गी आंटी सिर झटकते हुए गाड़ी के पास आईं और बोलीं, 'जूना का कुछ पता नहीं चल पा रहा। पहली बार ऐसा हो रहा है कि मैं उस तक नहीं पहुँच पा रही हूँ।'

जिग्गी आंटी की आवाज में परेशानी थी। इसलिए भी कि जूना आज से पहले कभी अकेला नहीं रहा। अपने जादू के जोर से कहीं जाता भी तो जिग्गी आंटी को या टीना को पता रहता। कई बार तो दुनिया के ना जाने किन-किन कोनों से उसे पकड़ कर लाई है जिग्गी आंटी। लेकिन वो सब एक खेल होता है जूना के लिए। कभी टीना से नाराज हो कर कहीं गायब हो जाता है तो कभी जिग्गी आंटी से। पर इस बार तो किसी बात से नाराज़ भी नहीं था। बड़े मजे में शादी में शामिल होने के लिए सज-धज कर निकला था। टीना की आँख बचा कर उसका कॉम्पेक्ट भी अपने खुरदरे गालों पर

लगा लिया था। कोशिश तो यही थी कि थोड़ा आई मेकअप भी कर ले। लेकिन बोस्की को सामने देखकर डर गया। पंजे में पकड़ा आई लाइनर नीचे रख दिया। बोस्की ने ही दो दिन पहले उसके बालों में कंघी कर हेयर बैंड लगाया था। उसे लग रहा था कि वो बहुत हसीन नजर आ रहा है। टीना को ना जाने कितनी तरह से रिझा कर उसने दिखलाने की कोशिश की, कि वो उसकी तरफ जरा प्यार से देख ले। पर टीना थी एक नंबर की खड़ूस। उसने जूना को घूर कर कह ही दिया, 'ब्रो, मुझसे अगर तू यह उम्मीद कर रहा है कि मैं तेरी तारीफ करूंगी तो भूल जा। तू हमेशा की तरह ही डंबो लग रहा है... सो चिल।'

जूना का चेहरा उतर गया, पर उसने उम्मीद नहीं छोड़ी। जब टीना को रणवीर सिंह का हेयर क्लिप लगाना पसंद आ सकता है तो उसका क्यों नहीं?

ये इतनी बड़ी बात नहीं थी कि जूना नाराज हो जाए, गायब हो जाए या कोई कांड कर ले। लेकिन कोई बात तो थी जो वो गायब हो गया।

जिग्गी आंटी अचानक जोर से चिल्लाई, 'जूना को किसी ने किडनैप कर लिया है।'

किडनैप? वो भी चलती गाड़ी से?

बोस्की धीरे से अपनी आवाज निगलती हुई बोली, 'लेकिन आंटी, जूना को मैंने अपने सामने डिकी में लोड

किया था। मतलब, वो चलती गाड़ी से कैसे ग़ायब हो सकता है? वो भी किडनैप?'

जिग्गी आंटी की आवाज अभी भी तेज थी, 'वही तो, बीच रास्ते में गाड़ी कहीं रोकी थी क्या?'

'हाँ, जिग्गी, हम सब मुरथल में ब्रेकफास्ट करने रुके थे।' ये पापा की आवाज थी।

'क्या उस समय जूना था डिकी में? हाँ बोस्की? तुमने देखा था उसे?'

बोस्की धीरे से बोली, 'नहीं आंटी। मुझे लगा वो सो रहा है। इसलिए मैं गाड़ी में ही रुक गई। मुझे लगा, अगर गाड़ी की एसी बंद हो जाएगी तो जूना उठ जाएगा। फिर...'

सब चुप हो गए। जिग्गी आंटी ने टीना की तरफ देखा, 'और तुम? तुम कहाँ थी उस वक्त?'

टीना कन्फ्यूज्ड-सी शक्ल बना कर बोली, 'मैं भी ब्रेकफास्ट करने पापा के साथ चली गई थी। मुझे क्या पता बुआ आंटी जूना कहाँ गया? यह सब बोस्की का प्लान था। उसने कहा था कि सब उस पर छोड़ दूं।'

बोस्की नाराज़ हो कर बोली, 'टीना, ये सब मैंने अपने लिए नहीं, तुम्हारे लिए किया था। तुमने कहा था कि सर्दियों में जूना को घर से बाहर निकालो। तुम मेरी साइड लेने के बजाय, साइड से खिसक रही हो। नॉट फेयर।'

'मैं नहीं खिसक रही। मैं तो यह कह रही हूँ कि तुम एक काम ठीक से नहीं कर सकती।'

बोस्की नाराज़ हो गई, वो टीना से लड़ने लगी और टीना उससे। दोनों बस एक-दूसरे को अपने लंबे गंदे नाखून से नोचने ही वाली थीं कि पापा बीच में आ गए। पापा बहुत कम कूल से नामाकूल बनते हैं। हमेशा हंसने और मुस्कराने वाले पापा अगर घूर भी लें तो इसका मतलब है बादल फटना, भूकंप आना, शेर की गुर्राहट, हाथी का बियर पीकर बहकना और घर के ड्राइंग रूम में चिपकली के बजाय सांप का दिख जाना।

सिस्टर्स समझ गईं कि ये वक़्त उनका नहीं जूना का है, जो खो गया है। पता नहीं क्यों? कैसे? किसलिए?

जिग्गी आंटी ने ऐसा क्यों कहा कि जूना का किडनैप हो गया है? इसके कई कारण हैं। उनमें से एक है कुछ दिनों पहले जिग्गी आंटी का पुराना यानी एकदम पुराना अफ्रीक़ा का दुश्मन एल्फ्रेड अचानक जिग्गी को फोन करने लगा है और जूना के बारे में पूछने लगा है। जिग्गी आंटी को लग रहा है कि उसके पास जूना को उठाने की कई सारी वजहें हैं। सबसे बड़ी वजह तो यही है कि जूना एक जादूगर है और एक जादूगर के जादू का फायदा भला कौन उठाना नहीं चाहेगा? सिवाय टीना और बोस्की की फैमिली के?

घर में किसी का मूड नहीं है शादी में जाने का। जिग्गी आंटी की समझ में कुछ नहीं आ रहा। वो लगातार फोन पर पता नहीं किस-किस से, कहाँ-कहाँ और क्यों-क्यों बात किए जा रही हैं। हर कॉल को खत्म करने के बाद लंबी सांस लेती हैं। चेहरा कुछ और उतर जाता है। फिर टीना और बोस्की को गुस्से से देखती हुई कहती हैं, 'यह सब तुम दोनों की वजह से हुआ है।'

टीना ने पहली बार रिएक्ट किया, 'आंटी, हमारी गलती कैसे हो सकती है? वो किडनैप हमारी वजह से थोड़े हुआ है।'

पापा ने तुरंत टीना का हाथ पकड़ कर उसे चुप रहने का इशारा किया। टीना मुँह बना कर चुप हो गई। मन था, जिग्गी आंटी को अच्छा-सा जवाब दे दे। दूसरी बार जिग्गी आंटी ने सेम डॉयलाग दोहराया तो बोस्की ने बिना सोचे-समझे कह दिया , 'आई थिंक, जूना ने खुद को किडनैप कर लिया है।'

अबकि मम्मी ने बोस्की को डांट दिया, 'रबिश। बोस्की जस्ट शटअप। मैंने मना किया था जूना हमारे साथ नहीं आएगा। फिर भी तुम लेकर आई उसको । इट इज युअर मिस्टेक।'

बोस्की रुआंसी हो गई। मम्मी उसे तब तक माफ नहीं करेंगी, जब तक वो कुछ नया गड़बड़ नहीं कर लेती।

बहुत मुश्किल से पूरी फैमिली अपना लगेज लेकर जिग्गी आंटी के घर के अंदर आई। जिग्गी आंटी ड्राइंग रूम में सोफे पर अपना सिर पकड़ कर बैठ गईं। पापा उनके पास जा कर बोले, 'जिग्गी, मिल जाएगा जूना। मैं अभी

गाड़ी लेकर मुरथल जाता हूँ, वो वहीं कहीं होगा। वो खुद भी अकेला कहीं आता-जाता नहीं है। सड़क पर तो बिलकुल नहीं निकलेगा।'

'नहीं ब्रो। वो मुरथल में नहीं है, पक्का! मुझे उसकी तरफ से कोई सिग्नल नहीं मिल रहा। पता नहीं वो जिंदा है या ...' कहते-कहते जिग्गी आंटी जोर से रो पड़ीं, 'जूना मेरा बेटा है। मेरी बेस्ट फ्रेंड ने मुझे दिया था गिफ्ट में। मुझे पता होता कि आपकी बेटियां इसकी केयर नहीं करेंगी, तो मैं कभी उसे आपके घर नहीं छोड़ती। क्या करूं ब्रो, मेरा काम ही ऐसा है। आज यहाँ, कल वहाँ। मैं उसे अपने पास कैसे रखती?'

पापा अपनी जादूगरनी बहन का कंधा थपथपाते हुए बोले, 'डोंट वरी जिग्गी। जूना मिल जाएगा। उसे कुछ नहीं होगा। एकदम टफ बच्चा है, तुम कूल रहो। मैं अभी निकल रहा हूँ मुरथल के लिए...'

बोस्की अपना लगेज ले कर बस अभी-अभी घर के अंदर ही आई थी। उसने धीरे से कहा, 'पापा, मैं भी चलूं आपके साथ?'

उसे उम्मीद थी पापा मना करेंगे, पर पापा ने हाँ में सिर हिला दिया। मम्मी जरूर पीछे से बोलीं, 'बोस्की को क्यों ले कर जा रहे हो? यह कुछ और मुसीबत ना खड़ी कर दे।...'

और एक जरूरी बात बता दें... मम्मी की भविष्यवाणी कभी झूठी नहीं जाती!

ज़्यादा स्मार्ट बनोगे तो यही होगा

बोस्की क्यों गई पापा के साथ? एनी गेस? टीना को लगता है वो ये दिखाना चाहती है कि वो ज़्यादा स्मार्ट, ज़्यादा से भी ज़्यादा यानी ओवर स्मार्ट है। मम्मी को लगता है उनके ज़्यादा गुस्से से बचने के लिए गई है। जिग्गी आंटी को लगता है कि वो जूना की ज़्यादा केयर करती है, इसलिए उसे ढूँढने निकली है।

बोस्की ने तो ऐसा कुछ नहीं सोचा था। उसे लगा, पापा के साथ जाएगी तो उनका मोरल सपोर्ट हो जाएगा। रास्ते में वो पापा को कुछ ऐसी बातें भी बता सकती है, जो अब तक नहीं बता पाई। जैसे टीना की लाइफ़ में कोई नया आया है और वो नया- एक लड़का है। टीना कहती है कि उसे बस क्रश है उस नए लड़के पर, लेकिन ऐसा नहीं है। बात क्रश से कहीं ज़्यादा है। रोज़ रात को ठीक बारह बजे टीना उस नए लड़के को व्हाट्सऐप कॉल करती है। दोनों पूरे छब्बीस मिनट, छब्बीस सेकेंड तक बात करते हैं। टीना उस समय या तो बालकनी में होती है या बाथरूम में। बोस्की, जूना

और चार्ली से बच कर। चार्ली अब टीना की कही बातों को कहीं भी रिपीट कर देता है इसलिए वो आजकल डफर की जगह हनी और माई लव बोलने लगा है। इसका मतलब है कि उसने टीना को यह बोलते हुए सुना है। और हाँ, टीना के नए बॉयफ्रेंड का नाम हनी और माई लव नहीं बल्कि मानव है। प्यार से टीना उसे मानू कहती है। एक सांस में बोस्की ने इतनी सारी नई जुटाई इन्फॉर्मेशन पापा को दे दी।

पर ये क्या, पापा तो हंस रहे हैं।

'टीना का नया बॉय फ्रेंड। हा हा हा। वाह-वाह, कैसा दिखता है? होप, जूना से तो बेहतर ही होगा... हा हा हा...!'

'पापा...' बोस्की नाराज़ हो कर बोली, "मैं आपको गॉसिप सुना रही हूँ, जूना के नाराज़ होने का रीजन बता रही हूँ और आप हंस रहे हैं?"

'सॉरी, सॉरी! मुझे नहीं पता था टीना के बॉयफ्रेंड के नाम से मुझे हंसना नहीं चाहिए। तुम्हें क्या लगता है कि जूना इसी वजह से गायब हुआ है?'

'पापा, क्या आपको भी लगता है जूना को किसी ने किडनैप कर लिया? हमने तो किसी को बताया ही नहीं कि जूना हमारे साथ जीजी से सीजी आ रहा है...'

पापा का मुँह खुला रहा गया उन्होनें पुछा- 'बोस्की, ये जीजी और सीजी क्या बला है?'

'पापा, यू ऑर सो ओल्ड। ये हमारे जेन-ज़ी का जार्गन है। जीजी यानी गुरुग्राम और सीजी यानी चंडीगढ़!'

'ओके ओके। भूल गया कि तुम्हारी जेनरेशन व्हाट्सऐप लेंग्वेज में बात करती है।'

'हाँ तो मैं कह रही थी कि मेरे और टीना के अलावा किसी और को नहीं पता था कि जूना हमारे साथ सीजी आ रहा है।'

'तुमने किसी को बताया तो नहीं बोस्की? मतलब ऐसे ही पूछ रहा हूँ।'

'पापा... भला मैं ऐसा क्यों करूंगी? मेरा प्लान था जूना को यहाँ लाने का। मैं अपने प्लान में पिन क्यों लगाऊंगी? और वो भी मम्मी के मना करने के बाद भी मैंने ये रिस्क लिया...'

'ओके। टीना ने तो किसी को नहीं बताया? तुमने पूछा उससे?'

'नहीं। अभी पूछ लेती हूँ। पर आप ना पापा, उससे यह मत कहना कि आपको उसके नए बॉयफ्रेंड के बारे में पता है।

प्लीज, आपको पता है ना वो चुटकी काटने में उस्ताद है वो। ख़ून निकाल देगी मेरा!'

'नहीं बताऊंगा पर फोन तो करो उसे। पूछो, उसने किसी से बात की है क्या जूना के बारे में?'

बोस्की ने टीना को तुरंत कॉल कर दिया। टीना ने उठाते ही ज़ोर से पूछा, 'जूना मिल गया ना...?'

'स्टुपिड। अभी हम मुरथल नहीं पहुँचे हैं। अच्छा यह बता ब्रो, तूने जूना के साथ सीजी जाने की बात किसी को बताई थी क्या?'

टीना सोचने लगी। बोस्की का सब्र, जवाब दे गया, 'इसका मतलब है तूने बताया है। वन, टू ऑर मोर...'

'मोर में कितने नंबर का ऑप्शन है? आई मीन तीन या इससे अधिक?'

'तूने तीन से ज्यादा लोगों को बताया कि जूना हमारे साथ सीजी आ रहा है...' ये सुनकर बोस्की के मुँह से चीख निकल गई।

टीना धीरे से बोली, 'निक्की, मानू, आर्यमन और डिंपी को कल रात में बताया था, पिशू को आज सुबह और मैंने

अपने फ्रेंड्स के व्हाट्सएप ग्रुप में लिख दिया था, सो तू कह सकती है, मोर देन हंड्रेड!'

'तेरे फ्रेंड सर्कल में ऐसे भी कई हैं जो तुझसे इस बात से जलते हैं कि तेरे पास जूना है?'

'वो तो है!'

'स्टुपिड, इडियट, मोरोन। तूने सबको क्यों बताया कि जूना हमारे साथ ट्रेवल कर रहा है? उनमें से भी कोई कर सकता है जूना को किडनैप...'

'तू डबल स्टुपिड, तू डबल इडियट। मेरे फ्रेंड्स में से किसी ने जूना को किडनैप नहीं किया है। मैंने कुछ देर पहले ही लिखा था ग्रुप में कि जूना गायब हो गया है। अगर किसी ने किया होता तो बताता ना!'

बोस्की का मन हुआ, फ़ोन से सीधे हाथ निकाल कर अपनी सिस्टर के गाल पर एक ज़ोर का झन्नाटेदार तमाचा जड़ दे। वो कर भी सकती थी ऐसा। पता है ना, उसके पास भी जादुई पॉवर्स हैं। पर उसने ऐसा नहीं किया। क्योंकि वो टीना नहीं थी, उसकी थोड़ी समझदार सिस्टर थी। बोस्की ने बस अपना फोन बंद करके जेब में रखा और पापा की तरफ़ देखकर बोली, 'टीना इज़ सो स्टुपिड। पक्का वो मेरी रियल सिस्टर ही है ना?'

पापा चुप हो कर कुछ सोच रहे थे। अचानक बोलें, 'मुझे ऐसा क्यों लग रहा है कि जूना के साथ कोई प्रॉब्लम है। बड़े दिनों से उसने आइसक्रीम की डिमांड नहीं की थी, उसका पेट भी बिलकुल ठीक था और वो कोई स्टुपिड हरकत भी नहीं कर रहा था।'

बोस्की अचानक तमक कर बोली, 'यू आर राइट पापा। दो दिन पहले मैंने उससे कहा कि मेरे वार्डरोब के ऊपर वाले रैक से, कोट निकाल दे तो उसने कहा कि वो ऊपर नहीं जा सकता। सच में, कई दिनों से मैंने उसे पंखे से लटके हुआ भी नहीं देखा, वार्डरोब के ऊपर वाले शेल्फ में सोते नहीं देखा और तो और घर में भी उड़ते हुए नहीं देखा। इसका मतलब है, उसका मैजिक चल नहीं रहा था। मुझे लगता है कि उसकी पॉवर खत्म हो गई है। एम आई राइट पापा?'

पापा "हाँ" में सिर हिलाने लगे और चुप हो गए। मुरथल पहुँचने तक दोनों में से किसी ने बात नहीं की। ठंड के दिन थे, शाम में ऐसा लग रहा था मानो रात हो गई हो। पापा ने ठीक उसी जगह गाड़ी खड़ी की, जहाँ सुबह की थी। बोस्की बाहर निकल कर दूर-दूर तक देख आई।

आसपास खड़े हुए लोगों से भी पूछा, "यहाँ सुबह कोई अजीब-सा जानवर नज़र आया क्या? बड़ी वाली छिपकली टाइप?"

लोग चौंक कर बोस्की की तरफ़ देखते तो वो तुरंत कहती, 'हमारे पालतू कुत्ते की शक्ल छिपकली जैसी है।' और ज़्यादा बताती तो सब उसे पागल ही कह देते। पर उसे कहीं से कोई सुराग नहीं मिला। पापा ने परेशान हो कर जिग्गी आंटी को फोन किया और पूछा, 'जिग्गी बेन, क्या ऐसा हो सकता है कि जूना के पॉवर्स चले गए हों?'

'ऐसे कैसे हो सकता है ब्रो? वो तो पैदाइशी जादूगर है। उसकी मम्मी जादूगर थी और नाना भी। मेरी तरह थोड़े ही, जिसे पॉवर गिफ्ट में मिली हो। हाँ, मेरे पॉवर ज़रूर ऐज के साथ कम हो गए हैं, पर जूना के साथ ऐसा नहीं हो सकता। हाँ, अगर जूना ने ख़ुद से अपने पावर्स किसी को दे दिए हो तो अलग बात है!'

'और ये तुम किसी एल्फ्रेड की बात कर रही थी, वो कौन है?' पापा की आवाज तेज़ थी।

'एल्फ्रेड हमारी तरह जीता-जागता इंसान है, पर है अफ्रीक़ा से। जूली ने एक समय पर उसे अपना भाई मान रखा था। पर एल्फ्रेड चालाक निकला और उसने जादू के लालच में जूली और उसके हसबैंड के बीच झगड़ा करवा दिया।'

'जूली? वो अब कहाँ है?'

'क्या ब्रो, मैंने आपको बताया तो था। जूली तो सालों पहले यहाँ से चली गई थी। अपना अंडा सॉरी अपना बेटा मेरे पास छोड़ कर!'

'हाँ, याद आया। तुमने बताया तो था, वो क्या नाम है उस प्लानेट का? टूना प्लानेट, है ना?'

'हाँ, तभी तो उसने अपने बेटे का नाम जूना रखा था, जूली का जू और टूना का ना- जूना।'

'और जूना के पापा? वो कहाँ रहते हैं?'

'वो जूली की कहानी का विलेन है ब्रदर- एल्फ्रेड का दोस्त। जूली से मैरिज के बाद वो गायब हो गया था। उसे तो शायद यह भी नहीं पता कि उसका एक बेटा भी है- जूना। जूली बहुत दु:खी रहती थी। वो उसे ढूँढने ही टूना प्लानेट गई थी।'

'ओह! जूना की लाइफ़ तो हमारे यहाँ की फिल्मों जैसी है।'

'हाँ, पर जूना की लाइफ़ में मैजिक है, जो अब हमारी लाइफ़ से गायब हो गया है। मुझे इसलिए जूना की बहुत फिक्र हो रही है।'

'जिग्गी बेन, मुझे लग रहा है जूना हाल के दिनों में बदल-सा गया था। बोस्की बता रही थी कि उसके पावर्स

कम हो गए थे। खाने-पीने में भी उसका इंटरस्ट कम हो गया था। पता नहीं कैसे वो शादी में आने के लिए तैयार हो गया?'

जिग्गी आंटी सोचने लगी। फिर धीरे से बोलीं, 'ऐसा लग तो नहीं रहा ब्रो। बोस्की और टीना बता रही थी, उसने शादी में आने के लिए अपने कपड़े तैयार किए, जैकेट तैयार किए। इसका मतलब वो बिलकुल ठीक था। फिर अगर उसे कोई प्रॉब्लम होती या बीमार होता तो मुझे पता लग जाता। इसलिए ज़्यादा परेशान हूँ। वो ये सब अकेले बिलकुल मैनेज नहीं कर सकता। अगर किसी को उसके बारे में पता चल जाए तो और मुसीबत खड़ी हो सकती है।'

'हम्मम... हमें ये केस खुद हल करना होगा जिग्गी बेन।'

वैसे तो पापा कम परेशान होते हैं पर इस समय उन्हें परेशान देख बोस्की को बहुत बुरा लग रहा है। बोस्की ने जूना को याद किया, बड़ी ज़ोर से। पहले का वक्त होता तो दो सेकेंड में जूना उसके सामने आ जाता। वही जादू का जोर। पर जूना क्या, उसकी शक्ल भी याद नहीं आई। बोस्की ने दो-तीन बार ऐसा किया, जूना का नाम लेकर भी पुकारा। पर जूना तो एकदम ही गायब था, मतलब कोई भी जादू नहीं चल रहा था जूना पर।

बोस्की अब परेशान हो चुकी थी। पहले तो उसे अपने ऊपर ग़ुस्सा आया कि उसने जूना को घर से भगाने का प्लान

ही क्यों किया? बेचारा जूना, पता नहीं किस हाल में होगा, क्या खा रहा होगा, क्या पी रहा होगा? उसे तो बात-बात पर चाइनीज चाहिए, मसखरा कहीं का। पैदा हुआ अफ्रीक़ा में और खाता है चाइनीज़। इसके अलावा जरा-सा कुछ अगड़म-बगड़म खाते ही उसका पेट खराब हो जाता है। गैस बनने लगती है। तुम इमेजिन कर सकते हो जूना की फाटिंग कैसी होती होगी? सही सोचा। ऐसा लगता है जैसे सड़े हुए सौ टमाटर एक साथ चीखने लगे हों। अगर वो बाहर का पानी पी लेता है, तो उसे तुरंत कोल्ड हो जाता है। गंदा वाला कोल्ड। बहती नाक, लाल होती नाक और बंद होती नाक। इसके बाद वो मुंह से जोर-जोर से सांस लेने लगता है। सोचो, सोचो, फिर कैसी आवाज़ आती होगी? जैसे फटा हुआ भोंपू बजा दिया हो किसी ने। कितना संभाल कर रखना पड़ता था जादूगर जूना को। पता नहीं अब किस हाल में होगा? कौन खयाल रख रहा होगा उसका? बोस्की इस ख्याल से डर गई कि एक अजीब से जानवर को देख कर कहीं लोग उसके साथ मार-पिटाई ना करने लगे। वो अपने आपको रोक नहीं पाई। और एकदम से चीखकर बोली-

"पापा, जूना को देख कर कोई उसे मारेगा तो नहीं?"

पापा सिर हिलाते हुए बोले, 'इस बात का तो मुझे भी डर है। पर हम उसे जल्द ढूँढ लेंगे बोस्की। जिग्गी बात कर

रही है अफ़्रीक़ा में अपने दोस्तों से। एक बार जूना के मैजिक पावर वापस आ जाएंगे तो उसे खोजने में कोई दिक़्क़त नहीं होगी।'

पापा ने कह तो दिया, पर वो भी ज़बरदस्त परेशान थे और बोस्की भी।

काफी देर तक मूरथल में जूना को तलाशने के बाद बोस्की एकदम से बोली, 'पापा, हम जीजी अपने घर चलें? क्या पता, जूना वहीं हो? मतलब गाड़ी की डिक्की से किसी तरह उतर गया हो?'

पापा चुप होकर सर हिलाने लगे, 'चलो, देख कर आते हैं। पर मुझे लगता नहीं कि जूना वहाँ होगा। जिग्गी कह रही थी कि उसका जूना से कनेक्शन नहीं हो पा रहा। इसका मतलब है कि उसके मैजिकल पावर्स लॉस हो गए हैं।'

'पर पापा, अगर वो घर में ही है तो सीढ़ी चढ़ कर अपने फ्लैट में जा सकता है ना? रघु तो घर में ही होगा। मैं फोन करूं क्या रघु भैया को?'

'नहीं। उसे परेशान मत करो। ठीक है, हम चलते हैं गुरुग्राम! मैं जिग्गी को फ़ोन करके बता देता हूँ।'

मुरथल से गुरुग्राम के रास्ते में बोस्की और पापा दोनों चुप रहें। गाड़ी में गाना भी नहीं चलाया। ऐसा लग रहा था,

गाना सुनने से भी जूना उनसे दूर चला जाएगा। आँखें बंद करके उसने गॉड से कहा- हे गॉड, प्लीज, प्लीज जब हम अपने घर जाएं तो जूना को वहाँ पहुँचा देना। मैं आपसे पूरे टेन डेज और कुछ नहीं मांगूंगी। कोई शरारत भी नहीं करूंगी और टीना की चुगली भी नहीं करूंगी। बस, जूना को वहाँ पहुँचा देना, सही से।

आँखें खुलीं तो उसे याद आया कि गॉड उसकी एक भी मांग पूरी नहीं करते। अब तक तो नहीं की पर शायद इस बार कर ले।

घर जाने तक बोस्की का दिल धक-धक, ज़ोर-ज़ोर से आवाजें करता रहा। पापा ने घर के सामने गाड़ी रोकी, ठीक वहीं, जहाँ सुबह खड़ी की थी। सुबह उजाला था, अब अंधेरा। गाड़ी से उतरने के बाद बोस्की बहुत धीरे से चलने लगी, उसके मन में अब भी यही चल रहा था कि क्या पता रास्ते में ही कहीं टकरा जाए जूना। वैसे भी उसे सरप्राइज देने का अजीब तरह से शौक है।

पापा तुरंत घर की तरफ बढ़ गए। बोस्की उनके पीछे-पीछे। वो सीढ़ियों पर रुक-रुक कर चढ़ रही थी। क्या पता, किसी गमले के पीछे से जूना बाहर निकल आए और गंदी आवाज में हंसते हुए बोले, 'हें, हें, देखा, तुम बहनों को कैसे उल्लू बना दिया, बहुत बनती हो ना जादूगरनियां!'

नहीं, कहीं से बाहर नहीं निकला जूना, ना गमले के पीछे से ना आगे से। पापा घर पहुँच कर कॉलिंग बेल दबा चुके थे। घर के अंदर से ज़ोर-ज़ोर से गाने की आवाज़ आ रही थी। ढमढम डोल-सा कुछ बज रहा था और कोई बहुत खराब आवाज़ में चीखते हुए गा रहा था।

बोस्की के दिल की धड़कन रुक गई। वो सोचने लगी कि जूना अगर घर में होता तो किसकी हिम्मत थी इतना तेज और इतना गंदा गाना बजाने की। पापा ने दो-तीन बार बेल बजाई। तब कहीं जा कर रघु ने दरवाजा खोला। रघु के सिर पर जोकरों वाली कैप थी। उसने पेपर से बनी शर्ट पहन रखी थी और पेपर की ही बनी पैंट। दरवाजा खोलते ही रघु ने गुस्से से कहा, 'क्यों आए हो बे? मना किया था ना सुबह तक मत आना!' और पापा को सामने देख कर उसकी सिट्टी-पिट्टी गुम हो गई। देखते-ही-देखते उसके चेहरे पर बारह-तेरह-चौदह बजने लगे। ऐसा लगा, जैसे उसे करंट लग गया हो। पापा दरवाजे को धक्का देकर कमरे के अंदर आ गए। कमरे के बीचोबीच टीना का प्यारा-दुलारा बर्थडे गिफ्ट चार्ली जो अब पप्पी ना रह कर थोड़ा बड़ा डॉग हो गया था, कमर में लाल दुपट्टा बांध कर नाच रहा था। उसके चारों तरफ रघु के दोस्त खड़े थे। सबने रघु की तरह पेपर के बने कपड़े पहने रखे थे।

पापा को देख कर सब एक सेकेंड में वहाँ से चलते बने। पापा ने सबसे पहले म्यूजिक बंद किया और फिर रघु को

सामने बैठने को कहा। रघु के मुंह से आवाज की जगह हवा की पिचकारियां-सी निकल रही थी। और कोई वक़्त होता तो बोस्की इस सीन का मज़ा लेती। वीडियो या रील बनाती पर इस समय मजा नहीं, सजा की बात होनी थी।

पापा ने पूछना चालू किया- 'रघु, यह सब क्या है? तमाशा क्यों मचा रखा है? तुम ये सब करते हो, जब हम यहाँ नहीं होते?'

पापा तो जोर से डांट भी नहीं पाते थे। अबकि कमान बोस्की ने संभाली, 'रघु भैया, जूना को कहाँ छिपाया है बताओ?'

'जूना को?' रघु हकलाने लगा, 'लेकिन वो तो आप लोगों के साथ गया था ना? ...'

बोस्की उसकी बात आधे में ही काटकर बोली, 'गया नहीं था, मतलब गया था, पर ... गया नहीं था। गया होता तो हम अभी नहीं आते ना रघु भैया तुम्हारा ये पेपर डांस देखने? और ये तुमने चार्ली के साथ क्या किया है? ये गलत है। इसे दुपट्टा क्यों पहनाया? इसके लिए पेपर वाला ड्रेस क्यों नहीं बनवाया... ?'

बोस्की ने दौड़ कर चार्ली को अपनी गोद में उठा लिया। चार्ली छटपटाने लगा, 'मेले को छोलो। मेले को नाचना है अभी!'

बोस्की ने कड़क कर कहा, “पहले ठीक से बोलना सीखो चार्ली। तुम अब पप्पी नहीं हो, तुतला कर बोलना छोड़ दो और रघु भैया की तरह ड को ररर मत कहो।”

चार्ली बोस्की का ज्ञान लेने के मूड में नहीं था। वह कूद कर जमीन पर आ गया क्योंकि उसे अभी और नाचना था।

अबकि पापा ने पूछा, ‘रघु, क्या हमारे चंडीगढ़ जाने के बाद तुम घर से बाहर गए थे?’

रघु हकलाता हुआ बोला, ‘हाँ सर जी लेकिन बस थोड़ी देर के लिए! ’

‘तुम्हें जूना कहीं नजर आया?’

‘नहीं सर... नहीं सर। वो तो सुबह आप लोगों के साथ निकल गया था। फिर...’

पापा सोफे पर बैठ कर सिर हिलाने लगे।

‘रघु, तुमसे जूना ने कुछ कहा था? मतलब कल वो कैसा था? खाना-वाना खाया था उसने?’

रघु ने हाँ में सिर हिलाते हुए कहा, “जूना ठीक था सर। मतलब जैसा होता है, वैसा ही था।”

पापा उठकर खड़े हो गए। बोस्की उनके पीछे-पीछे आई। पापा रघु को डांट क्यों नहीं रहे? इतना बड़ा कांड

कर दिया उसने... पेपर डांस पार्टी कर रहा है, तब भी पापा उसको कुछ कह नहीं रहे। टेबल पर चिप्स के पैकेट, कोल्ड ड्रिंक और ये क्या, कबाब भी रखे हैं। फिर भी पापा कुछ नहीं कह रहे। वो और टीना ऐसा कुछ करते तो अब तक तो मोरल साइंस पर दो लेक्चर निबटा चुके होते। अरे, एक इम्पोर्टेंट बात तो पापा को बताई ही नहीं। जूना और रघु के झगड़े के बारे में, रघु भैया की आदत थी जूना के फेवरेट चिप्स चुरा कर खाने की। जूना ने तीन दिन पहले उसको रंगे हाथों पकड़ लिया था उस समय घर में बस बोस्की और टीना थे। हाँ, चार्ली भी था। जूना ने रघु भैया से खूब झगड़ा किया कि वो उसके चिप्स को हाथ ना लगाए पर रघु भैया भी अड़ गए और कहने लगे- "मैं खाऊंगा, जरूर खाऊंगा।" मुझे कौन रोकेगा? रघु भैया पता नहीं क्यों इतने डम्ब हैं कि जूना के मैजिकल पावर्स को देखकर भी अनदेखा कर देते हैं। जब जूना पंखे पर लटक कर करतब दिखा रहा होता है, और रघु हंसते हुए कहता है कि हमारे गाँव में छिपकली होते थे, ये बड़े-बड़े। वो भी दीवार पर दो टांगों से लटके रहते थे, है तो जूना भी एक छिपकली ही ना!

लेकिन उस दिन जूना ने अपने मैजिकल पावर्स की जगह अपने डेंटल पावर्स दिखाए और रघु भैया का काला चश्मा अपने नुकीले दांतों से काट कर ऐसा तोड़ा कि वो ठीक होने के आसपास भी नहीं रहा।

रघु ने जूना को खूब सुनाया। ये भी कहा कि मैं तुझे देख लूंगा। एक दिन तू खर्राटे ले कर सो रहा होगा, तो मैं तेरे सारे दांत तोड़ डालूंगा। ना कभी चिप्स खा पाएगा ना चश्मा तोड़ पाएगा, ऐसा हाल कर दूंगा!

बोस्की ने पापा को पूरी बात बता दी। क्या पता, रघु इसी बात की पार्टी दे रहा हो कि उसने जूना के दांत तोड़ दिए हैं।

रघु के सामने-सामने बोस्की ये स्टोरी सुना रही थी। रघु दांत किटकिटाए जा रहा था। वैसे भी उसका चेहरा पिटा हुआ लगता है, पर जब रोने की कोशिश करता है, तो यकीन हो जाता है कि जूना रघु से लाख दर्जे सुंदर है। रघु रोने लगा, जूना की तरह, गंदी आवाज में।

पापा उसे चुप कराने लगे, 'रघु, चुप हो जाओ। पहले बोस्की को अपनी बात पूरी करने दो।'

रघु हिचकी लेकर बोलने लगा, 'सर, हमने गुस्से में कुछ कह दिया था। पर हम ऐसा करते थोड़े ही, वो तो छोटा भाई समझ कर बोल दिए थे।'

'ठीक है। अच्छा ये बताओ, जब तुमने कहा कि तुम जूना के दाँत तोड़ दोगे तो उसने क्या कहा?'

पापा का यह सवाल थोड़ा टेढ़ा था। रघु एकदम से चुप हो गया फिर धीरे से बोला, 'वो तो हमको याद नहीं पर शायद उसने कुछ बोला नहीं था।'

'यह बात थोड़ी अजीब नहीं है बोस्की? जूना और कुछ ना बोले? वो तो पूरा झगड़ा करता है ना?'

'हाँ पापा, यू आर राइट। वो कोई भी झगड़ा बीच में तो नहीं छोड़ता लेकिन रघु भैया भी सही कह रहा है। रघु की डांट सुन कर जूना रूम में चला गया था और उस दिन शायद रात को उसने खाना भी नहीं खाया था!' बोस्की थोड़ी मायूस होकर बोली।

पापा अबकि धीरे से बोले, 'उसकी प्रॉब्लम हममें से कोई समझ नहीं पाया।'

'लेकिन डैड, उसने सीजी आने के लिए खुद ही यस बोला था, बल्कि वो तो बहुत एक्साइटेड था।'

'हो सकता है, उसका कुछ दूसरा प्लान हो। जूना की तुम दोनों के अलावा किसी और से दोस्ती थी क्या?'

'हम्म... चार्ली और रघु भैया से। और बाप्पी से दोस्ती नहीं थी, पर दोनों पता नहीं गुपचुप-गुपचुप क्या बातें करते थे। मैं जब भी पूछती तो जूना कुछ बताता ही नहीं था।'

‘अच्छा, बाप्पी को फोन लगाओ, अभी घर में होगा वो।’

बोस्की ने बाप्पी को फोन लगाया। उठाते ही बोस्की ने चिल्ला कर पूछा, ‘जूना कहाँ है, तुम्हें पता है?’

सामने से बाप्पी की पगलैट-सी आवाज आई, ‘यस! मुझे पता है वो कहाँ है?’

क्लू पर क्लू, पर जूना है कहाँ?

बाप्पी ने क्या सच कहा होगा?

बाप्पी को तुम अभी ठीक से जानते नहीं, इसलिए ऐसा सोच सकते हो। जो जानते हैं, ठीक से, वो ये अच्छी तरह जानते हैं कि बाप्पी बहुत ही ढुलमुल किस्म का बच्चा है। बच्चा? टीना और बोस्की टीनएजर और बाप्पी बच्चा। हाँ, सब उसे यही कहते हैं। बाप्पी अभी बच्चा है। हर काम ग़लत करता है, पर बच्चा होने की वजह से उसे डांट कम पड़ती है। खुद भी वो सिस्टर्स का काम खराब करने के बाद यही कहता है, "जाने दो ना बूड़ी, बोच्चा हूँ मैं!"

पापा ने पता नहीं क्यों यह समझ लिया कि बाप्पी को कुछ तो पता है, जो सिस्टर्स को नहीं पता। ये पता-पता वाले चक्कर में हम कहीं पते वाली बात तो नहीं भूल रहे? रघु घर में पार्टी क्यों कर रहा था? वो भी पेपर ड्रेस वाली पार्टी? और वो भी अपने दोस्तों के साथ, चार्ली को नचा कर? इस पर भी तो बात होनी चाहिए ना।

बोस्की इस पर जोर लगा कर बात करना चाहती थी। लेकिन पापा का पूरा फोकस बाप्पी पर था। वो क्या जानता है जूना के बारे में? बाप्पी रात को घर आया, जाहिर है अकेले नहीं आया होगा, उसकी मम्मी यानी बोस्की की मौसी भी साथ आई होंगी।

घर पर आते ही मौसी ने पापा से कहा, "दादा, बाप्पी अभी बोच्चा है, उसको कुछ नहीं मालूम। वो जो बोल रहा है, उस पर जरा भी यक़ीन मत करना।"

बोस्की ने भी हाँ में हाँ मिलाते हुए कहा, 'मासी एकदम करेक्ट कह रही हैं पापा, बाप्पी ब्लफ मास्टर है।'

बाप्पा बहुत उतावला हो रहा है बोलने को। पर उसे तो कोई मौका ही नहीं दे रहा। मौसी और बोस्की के बाद रघु ने ज्ञान उडेल दिया, 'बाप्पी जरूर मेरे बारे में कुछ गलत बोलेगा सर जी। झूठ है सब झूठ।'

बाप्पी के पेट में बगोला-सा उठने लगा है। इतने दिनों बाद बड़े पापा के सामने उसे बोलने का मौका मिला है। लेकिन उसे कोई बोलने दे तब ना। आखिरकार पापा अब मोर्चे पर आ गए, 'बाप्पी, बेटा तुम बोलो। तुमने फोन पर कहा था न कि तुम्हें जूना के बारे में पता है। अब बताओ कहाँ है जूना?'

बाप्पी ने लंबी सांस ली, अपना बड़ा पेट अंदर किया और जोर से बोला, 'बड़े पापा, जूना सीजी गया है, उसने कल बताया था वो शादी में जा रहा है। मुझसे उसने डांस के दो स्टेप्स भी सीखे थे। आपको करके दिखाऊं?'

बोस्की ने सिर पर हाथ रख लिया। पापा धीरे से बोले, 'तुम कब मिले थे जूना से बेटा?'

'कल दोपहर को। ट्यूशन जाने से पहले मैं आया था, मुझे बोस्की की मैथ्स की नोटबुक चाहिए थी। बोस्की और टीना घर पर नहीं थीं पर जूना घर पर ही था। वो बहुत एक्साइटेड था, कह रहा था- वो अपने एक ओल्ड फ्रेंड से मिलने जा रहा है वो भी एकदम नयी जगह।'

पापा चौंक गए और बोलें, "ओल्ड फ्रेंड? उसने कुछ नाम बताया था फ्रेंड का? कौन है, कहाँ मिल रहा है उससे? ऐसा कुछ?"

बाप्पी ने अपना गोल-गोल मुंह नहीं में हिलाया और बोला, 'ये पूछना तो मैं भूल गया।'

पापा सिर झटक कर सोफे पर बैठ गए। बोस्की अपने डफर कजिन ब्रो पर कुछ कम यकीन करती थी। उसने बाप्पी के पास जाकर उसके सिर पर हलके से चपत मारते हुए कहा, 'अच्छा किया जो नहीं पूछा। गुड बॉय! लेकिन ब्रो, एक

बात बता, तू कब से जूना का बड्डी हो गया? तुम दोनों में तो बिलकुल नहीं पटती थी ना?'

बाप्पी ने अपना सिर सहलाते हुए कहा, 'नो सिस। मुझे समझ में आ गया कि तुम गर्ल्स लोग अपने गैंग में मुझे और जूना को शामिल नहीं करोगे। इसलिए जूना ने मुझसे कहा था कि हम तीनों को मिलकर एक टीम बनानी चाहिए।'

'तीन?'

'हाँ! मैं, जूना और चार्ली- ऑल बॉयज टीम'

'ओके! तो जूना ने तुमसे और क्या शेयर किया था?'

बाप्पी हिचकिचाया, पर धीरे से बोला- 'डोंट टेल जूना। वैसे भी वो मुझे तुम दोनों सिस्टर्स का चोमचा कहता है। बोस्की, जूना ना, कहीं जाने का प्लान बना रहा था। कह रहा था, अगर सब ठीक रहा तो मुझे भी ले जाएगा अपने साथ। मतलब मुझे और चार्ली को भी।'

'कहाँ ब्रो?'

'वो तो नहीं पता। कह रहा था, बहुत जल्द हमें हॉलीडे मनाने ले जाएगा।'

'हॉलीडे? पर कहाँ? टीना के कमरे में? टैरेस में? या पंखे से लटक कर। तू ना बाप्पी एक नंबर का फट्टू है। जूना तुझे

अपने साथ दो सेकेंड तो बैठने नहीं देता और सपने देख रहा है हॉलीडे पर जाने का।'

बाप्पी जोर-जोर से नहीं में सिर हिलाने लगा, 'नो सिस, मां कस्सम। यही बोला था जूना ने। कह रहा था, किसी दूसरे प्लानेट पर ले कर जाएगा।' कहते-कहते बाप्पी ने अपनी जीभ काट ली। वो जूना का सीक्रेट ऐसे-कैसे सिस्टर्स को बता सकता है?

'देखा पापा, कितनी गपोड़ी है बाप्पी।' बोस्की ने पापा की तरफ देख कर कहा।

पापा चौंक गए, बाप्पी की बात को पकड़ लिया- दूसरा प्लानेट। शायद बाप्पी सही कह रहा है। जूना की माँ दूसरे प्लानेट पर रहती है। यह बात आज ही तो जिग्गी बेन ने बताई है। तो फिर जूना गया कहाँ? दूसरे प्लानेट पर?

पापा ने उठते हुए कहा, 'जल्दी चलो बोस्की। मुझे पता नहीं क्यों ऐसा लग रहा है कि जूना की जान खतरे में है। एक तो उसके पॉवर्स कम हो गए हैं, और दूसरा- उसे कहीं से सिग्नल मिला है दूसरे प्लानेट पर जाने का। हमें फौरन जिग्गी बेन के पास जाना होगा अब हमें वो ही बता सकती हैं कि जूना को कैसे ढूंढें।'

बाप्पी की समझ में कुछ नहीं आ रहा था। उसने सिर खुजाते हुए पूछा, 'मैं भी चलूं आप लोगों के साथ? आफ्टर ऑल जूना अब तो मेरा भी फ्रेंड बन गया है।'

बोस्की और मासी ने एक साथ कहा- 'नहीं।'

लेकिन पापा पता नहीं क्यों रुक गए और सोचते हुए बोले, 'चलो! पर एक काम करो, चार्ली को भी अपने साथ ले लो। हाँ, उसके कपड़े चेंज कर दो, एकदम जोकर लग रहा है। और हाँ रघु, तुम घर से बाहर निकलो, ताला लगाओ और चाबी हमें दो। तुम्हें अपने दोस्तों के साथ उनके घर में पेपर पार्टी करनी चाहिए। हम जब वापस लौटेंगे, तो तुम्हें बुला लेंगे।'

दस मिनट में पापा की गाड़ी वापस जीजी से सीजी की तरफ चल पड़ी। पीछे की सीट पर बाप्पी और चार्ली थे। चार्ली को लग रहा था कि कब मौका मिले और पापा की जगह वो गाड़ी चलाने लगे। मुरथल के पास पहुंच कर पापा ने गाड़ी धीमी कर ली और बोस्की की तरफ देख कर बोले, 'एक बार और चैक करते हैं। क्या पता, कोई सुराग मिल जाए।'

पापा गाड़ी पार्किंग में रोक कर उतर गए। उनके पीछे-पीछे बोस्की भी उतर गई। पापा ने गाड़ी की डिक्की का

दरवाजा खोलते हुए कहा, 'बोस्की, जरा चार्ली को यहाँ लेकर आना।'

बोस्की ने चार्ली को गोद में लेकर डिक्की में बैठा दिया। चार्ली ने नाक भौं सिकोड़ कर कहा, 'जूना गंदा बंदा है, कितनी बदबू करता है।'

'चार्ली, तुम अब बाहर निकल कर देखो, जूना की स्मैल तुम्हें कहाँ तक आ रही है?' पापा ने चार्ली के बालों को सहलाते हुए कहा।

चार्ली कूद कर बाहर आ गया। उसे ऐसे एडवेंचर वाले काम बहुत पसंद थे। वह कूदता, दौड़ता ढाबे के पीछे की तरफ पहुँच गया। वहाँ बस एक छोटी-सी लाइट जल रही थी। उसके आगे खेत थे। चार्ली वहाँ जाकर भौंकने लगा। हाँ, वो भौंकता भी था, अजीब सी आवाज़ में। कभी-कभी तो भौंकते-भौंकते डकार भी लेने लगता था।

पापा, बोस्की और बाप्पी उसके पीछे-पीछे दौड़ते हुए आए। यानी जूना यहाँ तक आया था।

बोस्की ने चार्ली को गोद में उठा लिया। चार्ली ने उसका मुँह चाटते हुए कहा, 'ओह हो! जूना की स्मैल मुँह से जा ही नहीं रही।'

'स्टुपिड चार्ली। अभी उसकी स्मैल रहने दो मुँह में। मुझे बताओ, और कहाँ से आ रही है उसकी स्मैल?'

चार्ली ने मुँह बना कर कहा, 'मुझे तो अब हवा में आ रही है।'

'हवा में?'

'क्या जूना यहाँ से उड़ने लगा?'

पापा ने बोस्की से चुप रहने को कहा। वो मोबाइल की टॉर्च जला कर जमीन पर तलाशी लेने लगे। उनको देख कर बाप्पी ने भी अपनी मोबाइल की टॉर्च ऑन कर दी। अब वहाँ अच्छी खासी लाइट हो गई थी, अचानक चार्ली, बोस्की की गोद से कूदा और खेत के पास एक झाड़ी में कूद गया। बोस्की उसके पीछे-पीछे भागी।

पापा जोर से बोले, 'लगता है, उसे कुछ मिल गया है!'

दो मिनट बाद जब चार्ली झाड़ी से बाहर आया तो उसके खूंखार मुँह में एक डरा हुआ चूहा था, दांतों के बीच फंसा हुआ। चूहे के दांत किटकिट बज रहे थे।

बोस्की ने चार्ली को डांटते हुए कहा, 'ये क्या है? तुमसे कहा था न जूना की कोई चीज़ मिले तो लेकर आओ? ये क्या उठा लाए?'

चार्ली के मुँह से जबरदस्ती चूहे को निकाल कर बोस्की ने झाड़ी में डाल दिया।

चार्ली ने गुप्पा-सा मुँह सुजा लिया। कितना मजा आया था उसे चूहे को पकड़ने में। शायद खाने में भी मजा आता। पापा ने आखिरकार निराश हो कर कहा, 'कोई भी क्लू नहीं मिल रहा। पर चार्ली के मुताबिक जूना यहाँ तक आया था पर उसकी किसने मदद की, उसे कौन यहाँ तक ले कर आया, यह नहीं पता।'

'पापा, जूना अगर यहाँ से गायब हुआ है, तो कोई ना कोई क्लू ज़रूर मिल जाएगा। मैं ढाबे वाले के पास जा रही हूँ। शायद वो कुछ बता सके।'

पापा और बप्पा पीछे रह गए। बाप्पी अचानक जोर से चिल्लाया, 'आउच...'

उसके पैर के नीचे वही चूहा था, बोस्की ने जिसकी अभी-अभी जान बचाई थी चार्ली से। वो बाप्पी के चप्पल के ऊपर बैठा था और उसके गुदगुदे से पंजे पर अपना दांत गड़ा कर उसे रोक रखा था। उसकी आवाज सुन कर पापा दौड़ते हुए आए। इससे पहले कि वो चूहे को पांव से उठाते, उन्हें चूहे के पैर में एक कागज का टुकड़ा फंसा दिखा। पीले रंग का पोस्टेड, जो अकसर टीना अपने टाइनी नोट्स लिखने के लिए इस्तेमाल करती थी। पापा ने वो कागज का पुर्जा उठा लिया और उस तुड़े-मुड़े पोस्टेड को खोल कर देखा, उसपर हरे रंग से कुछ लिखा था, पापा ने मोबाइल से रोशनी मारी वह पढ़ कर चौंक गए। वहाँ लिखा था hlep- एच एल ई पी।

ऐसा तो सिर्फ जूना ही लिखता था क्योंकि वो डिस्लेक्सिक जो था। हरे रंग में लिखा हुआ। यानी जूना के खून का रंग। वो पोस्टेड का पैड टीना ने डिकी में रखा था। वो अकसर चलते-चलते अजीबोगरीब नोट्स बनाती चलती थी।

पापा वो कागज का पुर्जा मुठ्ठी में भींच कर कार की तरफ भागे।

चार्ली ने इसीलिए चूहे को पकड़ा था क्योंकि चूहे के पैर में जूना यह कागज फंसा कर गया था। ओह, यानी जूना सच में मुसीबत में है।

इस समय ढाबे में ज्यादा भीड़ नहीं थी। ढाबे के गल्ले पर एक मोटा-सा लड़का बैठा था। आँखों में चश्मा और हाथ में किताब। बोस्की काउंटर पर जाकर खड़ी हो गई और बोली, 'तुम क्लास टेंथ में हो ना? लगता है मैथ्स में थोड़े पैदल हो।'

लड़का चौंक गया, किताब नीचे रख कर बोस्की को घूरते हुए बोला, 'तुम्हें कैसे पता?'

'मेरी मैथ की टीचर कहती हैं कि जो बच्चा मैथ के सम्स को सॉल्व करने के बजाय रटता है, वो थोड़ा पैदल होता है।'

लड़के ने धीरे से कहा, "क्या करूं? रट लूंगा तो कम-से-कम पासिंग मार्क्स तो मिल जाएंगे। नहीं रटूंगा तो ज़िन्दगी भर इसी ढाबे के गल्ले को संभालना पड़ेगा।"

‘तुम तो सच में डफर हो। इतना अच्छा ढाबा है, फैमिली बिजनेस है। उसे स्मार्टली क्यों नहीं चलाते?’

‘वो कैसे?’ लड़का चौंक गया,

‘वो ऐसे... अपने ढाबे को हमारे जेनरेशन के लिए जरा मॉर्डन लुक दे दो। तुम्हारे ढाबे के पीछे कितनी जगह है। वहाँ म्यूजिक-श्यूजिक लगा दो, थोड़े लाइट्स लगा दो। कोरियन क्वीजिन बनाओ अपने यहाँ और कुछ के पॉप के पोस्टर्स लगाओ। इंस्टा में रील्स लगाओ और बताऊं कि थोड़ी रिसर्च खुद भी कर लोगे?’

लड़का शर्मा गया। बोस्की पंजों के बल ऊपर उठकर लड़के के चेहरे के पास आ गई। चार्ली को काउंटर पर बैठा दिया और सॉफ्टली बोली, ‘ब्रो, मेरी हैल्प करोगे?’

लड़का तुरंत उठकर खड़ा हो गया। वो हाइट में बोस्की से डबल था।

‘मेरे डॉगी को देख रहे हो ना? कितना दु:खी लग रहा है। पता है क्यों? इसका बेस्ट फ्रेंड खो गया है। तुम्हारे ढाबे से।’

‘ढाबे से? इम्पॉसिबल।’ लड़का हड़बड़ा कर बोला।

‘पहले सुन तो ले। डे टाइम में, मतलब बहुत सुबह नहीं, मिड सुबह में, पार्किंग लॉट से मेरे डॉगी का फ्रेंड गुम गया। डॉगी सूंघ कर कह रहा है कि पीछे जहाँ खेत है ना वहाँ से

इसका फ्रेंड गायब हुआ है। तुम्हें कुछ पता है क्या? कुछ सुना है तुमने?'

लड़का एकदम अटेंशन की मुद्रा में खड़ा हो गया और तपाक से बोला, 'मैं तो सुबह ट्यूशन गया था और अब शाम को आया हूँ ढाबे पर।'

'गुड! पर ट्यूशन के बाद जब तुम यहाँ आए, तब कुछ सुना होगा। याद करो, कुछ भी, खेत में कुछ देखा?'

लड़का सोचने लगा, फिर धीरे से बोला, 'मैंने तो नहीं देखा। पर शायद धनीराम ने कुछ देखा था। मैंने सोचा ब्लफ मार रहा है।'

'क्या देखा था?'

'वो कह रहा था, दाल मखनी में डालने के लिए जब वो धनिया तोड़ने खेत में गया तो उसने वहाँ कुछ अजीब-सी आवाज सुनी थी।'

'किसकी? शेर की?'

लड़के ने नहीं में सिर हिलाते हुए कहा, 'एरोप्लेन की? सबने उसका खूब मज़ाक़ उड़ाया। बस्स।'

'उसने सच में देखा था प्लेन?'

'पता नहीं। पर प्लेन वहाँ होता तो और भी लोगों ने देखा होता ना।'

बोस्की ने हाँ में सिर हिलाया। चार्ली का चेहरा अभी भी लटका हुआ था। बोस्की ने उसका सिर सहलाते हुए कहा, 'देखा चार्ली, तुम्हारे दोस्त के बारे में कोई हमें ठीक से बता नहीं रहा। पता नहीं कहाँ होगा जूना?'

लड़के को थैंक्यू कह कर, चार्ली को वापस गोद में लेकर वो कार पार्किंग में आ गई। पापा सीट पर बैठकर सीट बेल्ट लगा चुके थे। बोस्की उनके बगल में आ कर बैठ गई और चार्ली को पीछे की सीट पर बैठे बाप्पी के हाथ में दे दिया।

पापा ने गाड़ी स्टार्ट करते हुए कहा, 'मुझे एक क्लू मिला है। हमें तुरंत जिग्गी बेन के पास जाना होगा...'

जूना मरेगा एक दिन

यह तो पक्का हो गया था कि जूना किसी बड़ी मुसीबत में है। कहाँ गया, कैसे गया, क्यों गया?

इन तीनों सवालों का किसी के पास कोई जवाब नहीं था।

पापा को पता नहीं क्या हो गया था। एकदम दिल्ली के सिरफरे ड्राइवर की तरह तूफानी गति से गाड़ी चलाते हुए वो चंडीगढ़ आ गए। उस समय सवेरा होने को था। पापा के इंतज़ार में सब घर के बाहर ही कुर्सी लगा कर बैठे थे।

बोस्की गाड़ी से नीचे उतरी। उसे वैसे तो चलती गाड़ी में खूब नींद आती थी, पर पता नहीं क्यों, वो बिलकुल सो नहीं पाई। पर उसकी आँखें जल रही थीं। शरीर अकड़ रहा था और भूख भी ज़बरदस्त लगी थी। पर जैसे ही उसने बिल्डिंग के नीचे मम्मी, जिग्गी आंटी और टीना को कुर्सियों पर बैठा देखा, तो उसके मन में सबसे पहला ख्याल यही आया, कमीने जूना को सब कितना प्यार करते हैं।

पापा को देखते ही जिग्गी आंटी उठ खड़ी हुईं, 'ब्रदर, एक जरूरी इंफॉर्मेशन मिली है। जूना की जान खतरे में है।'

पापा बस सिर हिलाने लगे। सोच कर बोले, 'मुझे पता है। वो खुद हैल्प लिख कर गया है। जिग्गी बेन, मुझे गाड़ी की डिक्की में एक लाल रंग का बॉक्स मिला है। दो साल पहले याद है, जब जूना बीमार पड़ गया था और उसे सांस लेने में दिक्कत आ रही थी, तुमने कहीं से एक दवा मंगवा कर दी थी। उस समय तुमने बताया था कि ये दवा बहुत स्ट्राँग है।

'हाँ, मुझे याद है। उस मेडिसिन की हमारे यहाँ यानी अर्थ प्लानेट में रहने वालों को जरूरत नहीं पड़ती। लेकिन जब दूसरे प्लानेट पर जाते हैं तो लेनी पड़ती है।'

पापा धीरे से बोले, 'ये मेडिसिन मैंने अपने बेडरूम की अलमारी में रखी थी। पता नहीं कैसे जूना के हाथ लग गई। वो इसे अपने साथ लेकर आया था। मैंने डिकी में वो बॉक्स देखा, जिसमें मैंने यह मेडिसिन रखी था। बॉक्स में वो दवा नहीं थी। यानी जूना अपने साथ ले कर गया है। यह क्लू है कि जूना किसी दूसरे प्लानेट में गया है।'

जिग्गी आंटी एकदम से परेशान हो गई।

वो कुछ बड़बड़ाने लगी। पापा ने धीरे से पूछा, 'क्या कह रही हो जिग्गी? क्यों ले गया होगा जूना अपने साथ ये मेडिसिन?'

जिग्गी कुछ बोली नहीं। बस अपने मोबाइल पर एक नंबर लगाने लगी। कॉल जाते ही वो तेज आवाज में बोली, डॉक्टर तेजा आजकल कहाँ है? तुमसे लास्ट टाइम कब बात हुई?

तेजा? ओह यह तो जूना के डॉक्टर का नाम है। तेजा द फनी डॉक्टर भी एक अजीब शख्स है, अजायबघर में रखने लायक। है तो जानवरों का डॉक्टर। ईजिप्ट से डॉक्टरी की पढ़ाई करके आया है। इलाज के साथ मंत्र-तंत्र भी करता है। उसके हिसाब से जानवरों को भी नज़र लगती है। वो गंडा-ताबीज बांध कर उनका इलाज करता था। जूना को जब टीना-बोस्की का परिवार गुड़गांव लेकर आया, तब जिग्गी आंटी ने बहुत मुश्किल से डॉक्टर तेजा को खोज निकाला था। वो भी उनकी कोई पुरानी फ्रेंड ने उन्हें बताया कि तेजा कितना खास डॉक्टर है। जूना के जब दांत निकलने लगे, तब तेजा पहली बार घर आया था। उस समय तो टीना और बोस्की पैदा भी नहीं हुई थीं। जिग्गी आंटी ने तेजा को यह नहीं बताया कि जूना को मैजिक आती है। जैसे ही तेजा ने जूना के दांत देखने के लिए अपना हाथ उसके मुँह में डाला, जूना ने अपनी जीभ इतनी बड़ी कर दी कि तेजा को लगा उसके सामने एक लाल रंग का सांप लपलपाते हुए आ गया है। इससे पहले कि तेजा डर के मारे घर से नौ दो ग्यारह होता, जिग्गी आंटी ने उस पगले डॉक्टर को प्यार से जूना के बारे में बताया। तेजा पहले तो ना में सिर हिलाने लगा, पर जैसे ही

उसने जूना की आँखों में आंसू देखे, वो तैयार हो गया। बाद में जूना और तेजा की खूब पटने लगी। जूना बदमाश तो था ही, वो तेजा को पटा कर अजब-गजब दवाइयाँ ले लेता। एक दवाई से उसे हिचकियां आने लगती तो दूसरे से उसकी नाक बहने लगती। ये सब वो टीना को इम्प्रैस करने के चक्कर में करता था। इस चक्कर में दोनों बहनों से मार भी खाता था।

जूना के प्यारे डॉक्टर तेजा को जिग्गी ने कॉल लगा दिया। तेजा भी जूना की तरह जिग्गी आंटी से बहुत ज्यादा डरता था। उसने जल्द ही सारा सच उगल दिया कि जूना ने दो दिन पहले डॉक्टर तेजा को फोन किया था और उससे दो दवाइयाँ मांगी थीं। एक, जिससे वो बहरा हो जाए और दूसरा जिससे उसकी आवाज चली जाए।

जिग्गी आंटी फोन पर ही चिल्लाई, 'तुमने ये दोनों दवाइयाँ जूना को दे दीं? तुम डॉक्टर हो या कसाई?'

तेजा हकलाते हुए बोला, 'जिग्गी मैडम। जूना ने मुझसे कहा कि घर में दोनों सिस्टर्स बहुत शोर करती हैं। इसलिए उसे बहरा होने की दवाई चाहिए।'

'और गूंगा होने की?'

'वो जूना ने ये भी बताया कि दोनों सिस्टर्स जूना से हमेशा गाने को कहती हैं। अगर वो गूंगा हो जाएगा तो गाने से बच जाएगा।'

'तेजा, तुम अपना भेजा कहीं रख कर आए हो क्या? जूना की बातों में तुम आ कैसे सकते हो?'

तेजा ने दो-तीन बार सॉरी, सॉरी कहा और फोन काट दिया।

फोन रखने के बाद जिग्गी आंटी सिर पकड़ कर बैठ गई।

पापा उसके पास आ गए, 'ऐसा लग रहा है, जूना ने पहले से प्लान करके रखा था यहाँ से भागने का। डॉक्टर से मेडिसिन मंगवाई। उसे पता था कि स्पेस शिप चलने से इतनी आवाज होगी कि उसका कान फट जाएगा। गूंगा बन जाएगा तो कोई उससे कुछ उगलवा नहीं पाएगा। सो स्ट्रेंज।'

जिग्गी आंटी धीरे से बोली, 'जूना तो मेरी उम्मीद से ज्यादा अकलमंद निकला। इतनी प्लानिंग तो उसने कभी नहीं की।'

टीना जो अब तक सबकी बातें ध्यान से सुन रही थी, धीरे से बोली, 'मुझे लगता है जूना के साथ कोई मिला हुआ है शायद कोई उसे इंस्ट्रक्शन दे रहा है।'

'पाइंट,' जिग्गी आंटी ने उसकी तरफ उंगली करके कहा, 'ठीक कह रही हो। कोई तो है, जो जूना को बहका कर यहाँ से ले गया है।'

वो कौन है? बोस्की सोचने लगी, पिछले एक महीने से जूना किससे मिला? बाहर से कौन आया था घर? जूना कहाँ गया था?

रात भर घर में कोई सोया नहीं था। सब परेशान थे, उसके लिए, जो हमेशा उनकी जिंदगी परेशानी में डाल देता था। मना करने के बावजूद सबके सामने आ कर नाचने लगता, गाने लगता, जादू दिखाने लगता। सब ना जाने दिन में कितनी बार कहते कि जूना, दफा हो जा यहाँ से। पर आज जब वो सच में दफा हो गया है तो सब उसे ढूंढ रहे हैं, उसके लिए परेशान हैं। आंसू बहा रहे हैं। किसी भी तरह से उसे घर में सेफ लाना चाहते हैं।

मम्मी के सिर में बुरी तरह दर्द होने लगा था। वो जिग्गी आंटी से बोलीं, 'मुझे एक कप चाय पिला दे, दो बिस्किट खिला दे। मैं ऐसी भूखी-प्यासी रहूंगी तो बीमार पड़ जाऊंगी।'

जिग्गी आंटी चाय बनाने किचन में चली गई। पापा ड्राइंग रूम में सोफे पर पसर कर बैठ गए। चार्ली उछल कर उनकी गोद में लेट गया। बाप्पी जो पूरे रास्ते सोते हुए आया था, वो ड्राइंग रूम में रखे काउच में ही जगह बना कर धंस गया।

रह गई दोनों सिस्टर्स। वो दोनों जिग्गी आंटी के गेस्ट रूम में आ गईं अपने लगेज के साथ। इस समय बोस्की से

ज्यादा दु:खी टीना लग रही थी। बोस्की तो अपनी सिस्टर से नाराज़ थी। टीना बिस्तर पर बैठ गई और अचानक बोली, 'मुझसे बहुत बड़ी गलती हो गई बोस्की।'

बोस्की को करेंट लगा, 'सिस, अब तूने क्या किया? कुछ और भी किया हो, तो बता दे। मुझे लग रहा है जूना को तूने ही किडनैप करवाया है।'

'स्टुपिड। मैं ऐसा क्यों करवाऊंगी? मैं उससे उतना भी नहीं चिढ़ती। और ना ही मुझे पापा से रेन्सम वसूलना है। अगर ऐसा करना होता तो तुझे किडनैप करवाती ना।'

'तो, जल्दी से बता कि वो जो ग़लती हो गई है, वो ग़लती क्या है? ग़लती से ग़लती हुई है या जान कर ग़लती की है, जैसा हमेशा करती है।'

'तू इतना एंथू कटलेट क्यों हो रही है? गलती यही थी कि मैंने तुझसे कहा था कि जूना को कुछ दिनों के लिए कहीं भेज देते हैं, ठंड में वो हमारे कमरे में नहीं रह सकता। बस इतनी सी गलती थी। ना मैं कहती और ना तू प्लान बनाती।'

बोस्की ने लंबी सांस ली और टीना के पास बैठती हुई बोली, 'हाँ! पर मुझे ऐसा क्यों लग रहा है कि जूना ने घर से जाने की प्लानिंग पहले ही कर रखी थी? देख टीन्स, बहुत सारे झोल हैं। एक तो हमने बस एक दिन पहले उसे बताया था कि उसे शादी में चंडीगढ़ ले जा रहे हैं अपने साथ। जूना

इतना इंटेलिजेंट तो नहीं है कि वो मैजिकल मेडिसिन और दूसरी चीजें रातो-रात पैक कर ले? फिर उसने किसी से तो बात की होगी, कोई तो सिग्नल मिला होगा? हम भी तो उसी घर में, उसी कमरे में रहते थे। हमें कैसे समझ नहीं आया? जूना की छोटी-छोटी स्टुपिड हरकतें हमारी समझ में आती थीं। फिर तुझे और मुझे कभी ऐसा क्यों नहीं लगा कि उसके पावर्स कम हो रहे हैं? वो छत पर कम लटक रहा है? वो हमसे कम बहस कर रहा है?'

'पॉइंट...'

'एक बात बता टीना। जूना तो तेरा पक्का वाला फ्रेंड है ना। वो तुझसे अपनी हर बात शेयर करता था। उसने कभी तुझे हिंट नहीं दिया कि वो क्या करने जा रहा है? ठीक से याद कर?'

टीना सोचने लगी। सोचते-सोचते अचानक बोली, 'मुझे नहीं पता, यह हिंट है या नहीं। पर कुछ दिनों पहले मैंने जूना को रोते हुए देखा था।'

'कब? क्यों?'

'हम्म। याद है चार दिन पहले हमारे घर में मम्मा के कुछ फ्रेंड्स आए थे कोलकता से? पापा ने डिनर भी बाहर से ही मंगवाया था वो भी चाइनीज... '

'हाँ, बहुत टेस्टी था, हमने तो खूब दबा कर खाया था।'

'करेक्ट। क्या जूना ने खाया था? उसे तो चाइनीज बहुत पसंद है ना?'

'पता नहीं।'

'मैं बताती हूँ। मुझे पता है, मैं उसके लिए मोमोज और चाऊमीन एक प्लेट में लेकर कमरे में गई थी। कमरे में अंधेरा था एंड यू नो, जूना को अंधेरे से कितनी नफरत है। मैंने लाइट जलाई लेकिन जूना मुझे कहीं नजर नहीं आया। मैंने उसका नाम भी पुकारा। फिर अचानक मुझे बालकनी में किसी की आवाज़ आई। मैंने देखा तो जूना वहाँ था। जमीन पर लेटा हुआ था। और उसकी आँखों से मोटे-मोटे आंसू गिर रहे थे।'

'ओह टीन! यह तो बहुत बुरा हुआ। वो जब रोता है तो वहाँ पानी भर जाता है।'

'हाँ, बालकनी में पानी भरा हुआ था। इन फैक्ट जूना पानी में तैर रहा था। एक बार तो मुझे लगा कि बहुत दिनों से हम उसे स्विमिंग पूल लेकर नहीं गए। शायद इसलिए उसका पानी में तैरने का मन कर गया हो। पर जब मैंने उसकी हिचकियों की आवाज़ सुनी, तो डर गई।'

'तूने मुझे क्यों नहीं बताया स्टुपिड?'

‘दो रीजंस थे। एक तो जूना ने मना किया था और दूसरा, मैं भूल गई थी।’

बोस्की ने बुरा-सा मुँह बनाया, ‘तूने उससे पूछा था क्या कि वो क्यों रो रहा है?’

‘हाँ, पूछा था ना। उसने बताया कि वो हमें मिस कर रहा था। पता है बोस्की, उसने चाइनीज भी ठीक से नहीं खाया। बस एक मोमोज खा कर बोला कि उसे अब यह सब नहीं खाना।’

‘टीन्स। तूने पूछा नहीं वो ऐसा क्यों कह रहा है?’

‘मैं क्यों पूछती? उसका मन होगा डाइटिंग करने का। मम्मी ने भी तो छोड़ा था चाइनीज खाना। मैंने सोचा, जूना भी कुछ वैसा ही करने वाला है।’

‘ओफ्फ़ हो! तू उस दिन उससे पूछ लेती, तो वो बता देता कि वो ऐसा क्यों कह रहा था? तूने एक गोल्डन चांस खो दिया।’

‘शायद। पर इसके बाद वो ठीक भी हो गया था। वो ख़ुश नज़र आ रहा था अगले दिन। उसने मुझसे यह भी कहा था कि वो मुझे नया गाना सुनाएगा।’

‘नया गाना? पर हमें तो जूना की आवाज बिलकुल नहीं पसंद।’

‘हाँ, मैंने उसे यह बता दिया था। वो थोड़ा सेड हुआ था यह सुन कर। बोला कि उसे गाने का मन है, शायद उसका यह लास्ट गाना हो।’

‘हें? तू कितनी स्टुपिड है टीन्स। वो एक के बाद एक क्लू छोड़े जा रहा था और तूने उससे कहा कि उसका गाना नहीं सुनना? अगर सुनती तो पता चलता कि वो क्या गाने वाला था? क्या उसने तुझे बताया कि गाने के वर्डिंग्स क्या थे?’

टीना ने नहीं में सिर हिलाया, ‘बेब्स, मुझे जब गाना सुनना ही नहीं था तो वर्डिंग्स का क्या करती? वैसे भी तुझे पता ही है उसे हिंदी भी सही से नहीं आती।’

‘वो तो तुझे भी नहीं आती। पर मुझे अब लग रहा है कि तेरी वजह से ही जूना भागा है यहाँ से। तूने ही कुछ किया है, तूने उसे बता दिया होगा अपने नए बॉयफ्रेंड के बारे में। वो क्या नाम है उसका? मानू...देख सिस्टर, अगर जूना को कुछ हो गया ना, तो मैं तुझे कभी माफ नहीं करूंगी।’

टीना का मुँह खुला रह गया। बोस्की इतना फिल्मी डायलॉग क्यों मार रही है? हाँ, सही है कि उसने मानू के बारे में जूना को बता दिया था। पर वो तो उससे मानू की बुराई कर रही थी, कह रही थी कि वो उसका परमानेंट वाला बॉयफ्रेंड नहीं बन सकता। क्या इस बात पर जूना चला गया यहाँ से?

जूना के गुम हो जाने का दु:ख उसे भी है। वो रात से परेशान है। और टीना ने यह भी तय कर लिया है कि किसी भी हाल में जूना को ढूँढ निकालेगी, चाहे इसके लिए उसे अफ्रीका जाना हो या किसी और प्लानेट में।

टीना बोस्की को यह बताने ही वाली थी। पर चुप हो गई। इस समय तो उसे अपनी छोटी बहन पर गुस्सा आ रहा था। ठीक है, उससे छोटी-मोटी गलती हो गई है। पर इसका मतलब यह तो नहीं कि छोटी गलती मोटी हो गई और मोटी गलती के भीतर जूना कहीं जा छिपा है। अब जूना को तलाशना है तो गलतियों को भी फाड़ना होगा। मतलब गलतियों से बचकर नयी गलती नहीं करनी होगी। ऐसा वो कैसे कर पाएगी? वो भी बिना बोस्की के?

अचानक उसकी आँखों में बड़े वाले आंसू आ गए। बिलकुल वैसे वाले, जो उसने कुछ दिन पहले जूना की आँखों में देखे थे। उसकी आँखों में आंसू देख कर दो बंदे पिघलते थे। सही समझा। एक जूना और दूसरा... हमम्म बोस्की। बोस्की को अपनी सिस्टर कमीनी ही पसंद थी, बुद्धू, डफर और लिटिल प्राउडी। ये रोने वाली, कमजोर-सी लगने वाली और डरपोक-सी टीना उसे ग़रीब लगती है। हुआ भी ऐसा ही। टीना के आंसू आए और बोस्की नर्वस होने लगी।

'सिस। प्लीज, मत रोओ। जूना आ जाएगा। इसमें तुम्हारी गलती कम, जूना की ज्यादा है। तुम तो वही थी,

जो हमेशा थी। जूना ने प्लानिंग की और उसने ही खुद को किडनैप करवाया है। अपने ये मोटे-मोटे आंसू किसी और दिन के लिए रख टीन्स। आज तो सोचने का दिन है।'

टीना चुप हो गई। सच कही रही है बोस्की। अगर अब नहीं सोचेंगे तो कब सोचेंगे?

अचानक टीना ने कहा, 'बेब्स, हमारे पास मैजिकल पावर्स हैं ना। हम उसका यूज क्यों नहीं करते?'

बोस्की थोड़ा मायूस हो कर बोली, 'मैंने किया था सिस। तुझे याद है कैसे मैं बिना कुछ किए जूना के बाल खींच लेती थी, दोनों पैर बांध देती थी? एक बार बाप्पी के मैथ्स होमवर्क की कॉपी को मैंने पूरा सफेद कर दिया था। और वो स्कूल जाते समय कैसे रोया था याद है?'

'हाँ, फिर जब उसने टीचर के सामने कहा कि किसी ने उसकी होमवर्क कापी बदल दी है, फिर टीचर ने खोल कर देखा तो उसमें पूरा होमवर्क था! यू वर जीनियस बोस्की।'

'थैंक्स सिस्टर। पर सैड बात यह है कि अब मैं ऐसा नहीं कर पाती। मैंने पापा के क्रेडिट कार्ड पर से नंबर हटाने की कोशिश की, मम्मा का व्हाट्सऐप ऐप डिलीट करने की कोशिश की, तेरे बॉय फ्रेंड मानू ने जो तुझे सड़ा-सा पोएम लिख कर दिया था, उसके वर्डिंग्स बदलने की कोशिश की...'

‘व्हाट? तूने मेरे साथ जादू लड़ाने की कोशिश की? अच्छा हुआ जो तेरे पावर्स चले गए। एक नंबर की जलकुकड़ी और कमीनी औरत है तू। हाँ, है तो है। तूने बेचारे जूना के साथ गलत किया, बाप्पी के साथ मज़ाक़ किया और मेरे साथ ... हाउ डेयर...’

टीना जब गुस्से से बोलती थी तो कुछ देर बाद मुंह से वर्ड्स की जगह बस दुःख निकलता था। अबकि उसके मुंह से आंसू बहने लगा।

बोस्की दुःखी हो गई। वाकई नीच हरकत की थी उसने सबके साथ। लेकिन ये जो उसकी सिस्टर उससे नाराज हो गई है, उसे कैसे मनाए?

बोस्की ने उसका हाथ पकड़ कर सॉरी कहने की कोशिश की पर टीना उसका हाथ झटक कर कमरे से बाहर निकल गई।

देर हो गई। बहुत देर हो गई। अब तक पता नहीं चल पाया कि जूना के साथ क्या हुआ है। पूरा दिन लगभग निकलने को थे। जिग्गी आंटी पता नहीं कहाँ-कहाँ फोन लगा रही थी। पापा भी लगे-पड़े थे। बस मम्मी को सिर में इतना हैडेक होने लगा कि अपने घुटने पकड़ कर बैड पर पड़ गईं। इस समय सिर दर्द और दूसरे दर्द एक-दूसरे से मिलजुल रहे थे।

पर वो कह रही थीं कि सिर में भयंकर दर्द है, पर दबा अपने घुटने को रही थी।

टीना उनके पास बैठी थी, अपने मोबाइल में पता नहीं क्या-क्या लिख रही थी। बाप्पी और चार्ली ड्राइंग रूम के काउच में बस सोए जा रहे थे। बोस्की बस फालतू-सी कभी इधर-कभी उधर फिर रही थी।

फिर से रात होने को आई। जिग्गी आंटी ने आ कर कहा, 'खाना तैयार है। जिसे खाना हो, डाइनिंग टेबल पर आ कर खा लो।'

जिग्गी आंटी की मेड सर्वेंट बहुत बुरा खाना बनाती थी। दाल में ज्यादा हल्दी, सब्जी में ज़्यादा नमक और चावलों में ज़्यादा पानी। मम्मी तो बिस्तर से हिली-डुली भी नहीं। बस, अपने हैंडबेग में हाथ डाल कर ड्राइ फ्रूट्स का पैकेट निकाल कर काजू चबाने लगी। टीना उठ कर जिग्गी आंटी के पास आ गई। उसे जिग्गी आंटी से कुछ सीरियस डिस्कसशन करना था।

जिग्गी आंटी और पापा टेबल पर बैठे थे। दोनों परेशान लग रहे थे। टीना उनके सामने जा कर बैठ गई और धीरे से बोली, 'जूना को ढूँढने का मेरे पास एक प्लान है। क्या आप लोग सुनना चाहेंगे?'

बीच में कोई बोला तो

टीना पिछले एक घंटे से दिमाग लड़ा रही थी। कोई प्लान नहीं था उसके पास। उसे तो बस किसी भी तरह जूना को वापस घर लाना था। बस एक चीज़ थी उसके पास- जादुई पावर्स। बोस्की की तरह उसके पावर्स अभी गए नहीं थे। उसने अपनी आँखों को दूसरे कमरे में बैठी बोस्की के मोबाइल पर गढ़ाया और वो वहीं से पूरा देख गई। उसने बोस्की के मोबाइल का पासवर्ड बदल दिया। हाथ बढ़ा के मम्मी के हैंड बैग से काजू निकाल लिए और मम्मी को पता भी नहीं चला। उसने बस आँख बंद कर बाहर पोर्च में खड़ी पापा की गाड़ी स्टार्ट कर दी। उसने ड्राइंग रूम में सो रहे चार्ली को चिमटी काट कर जगा दिया, वो भी अपने फ्लाइंग हाथ से। यानी वो अब भी पावरफुल थी, जादूगरनी थी, यानी कि वो जूना को बचा सकती थी।

अगर वो अपने पावर्स के बारे में जिग्गी आंटी को बताती, तो वो यही कहती कि ये बड़ी बात नहीं है, इतनी पावर्स तो हमेशा से थी तुम्हारे पास। इससे तुम क्या उखाड़ लोगी? पर प्लान?

उसने जो मुँह में आया कह दिया, 'जब चार्ली को हम घर लेकर आए थे, जब जूना जेलस हो कर उसे लेकर अफ्रीक़ा भाग गया था। याद है ना आंटी? मेरा बर्थडे था उस दिन। मैं जूना और चार्ली को लाने वहाँ गई थी। वहाँ एक मंकी भी था, मंकियों का मंकी, पर दिखने में छोटा था। पर जूना की उससे फट रही थी। उसने एक हाथ में जूना को उठा लिया था। पता है आंटी, वो जूना से कई ज़्यादा पावरफुल था। उसने कहा था कि उसे जूना के बारे में कुछ पता है, सीक्रेट। ऐसा बोल कर वो, खो-खो करके खूब हंसा था।'

जिग्गी आंटी ने सिर हिलाते हुए टीना को टोका, 'तुम्हारा प्लान क्या है?'

'मुझे पहले अपनी बात तो पूरी करने दीजिए। वो क्या है ना जिग्गी आंटी, मैंने उस दिन वापसी में जूना से पूछा था कि उस नाटे मंकी को उसका कौन-सा सीक्रेट मालूम है, तो जूना थोड़ा डर गया था लेकिन फिर बात बनाते हुए बोला, मैं जोर से पादता हूँ ना, शायद इसके बारे में बोल रहा था। एंड ही न्यू, मी टू कि वो झूठ बोल रहा था। वो सच में उस नाटे बंदर से डर रहा था। बहुत मुश्किल से उससे पीछा छुड़ा कर हम लोग घर आए थे। मंकी खुद भी आने को तैयार था। बार-बार बोल रहा था कि उसे जूना से कुछ बदला लेना है।'

'तुम हमेशा आधी बात क्यों बताती हो टीना? तुमने जूना से पूरी बात क्यों नहीं पूछी? मुझे क्यों नहीं बताया? ये कौन-सा, नाटा-सा बंदर है जिसे मैं नहीं जानती?'

टीना चुप हो गई। बंदर वाली बात आधी सही थी, आधी गलत। जूना बंदर से बिलकुल नहीं डरा था। सच तो यह था कि बंदर की जूना से फट गई थी। जूना ने अपने जबड़े में उसे उठा कर इतनी जोर से फेंका कि गिरते-गिरते नाटा मंकी बोला- आए एम सॉरी जूना। मैं तुम्हारे फ्रेंड से कहूँगा तुम्हें तंग ना करे। पर अब प्लीज मुझे छोड़ दो।

उस दिन टीना का बर्थडे था। वो जूना से बहुत गुस्से में थी। उसे किसी भी तरह चार्ली को वापस लेकर आना था। उसे ठीक से याद नहीं कि फिर क्या हुआ? पर आंटी को कुछ ना कुछ तो बताना ही था। गप्प ही सही...

'तुम क्या चाहती हो टीना? वो मंकी तुम्हें बताएगा कि जूना कहाँ है? अच्छा मान लो कि जूना किसी दूसरे प्लानेट पर गया है तो वहाँ तुम कैसे जाओगी? अब यह मत कहना कि प्लेन से...'

'नो, आंटी। मैं उतनी डफर नहीं हूँ जितना बोस्की कहती है। मुझे पता है जूना जिस प्लानेट पर गया है वहाँ जाने के लिए मुझे स्पेस शिप में जाना होगा। पर मैं कोशिश तो कर सकती हूँ ना। आप सब कहते हैं कि मेरी वजह से जूना गायब हुआ है। तो मुझे एक चांस देना तो बनता है ना?'

पापा बड़ी देर से चुप थे। अचानक वे तेज आवाज़ में बोले, 'अब जो भी करना है, जिग्गी आंटी करेगी। तुम कमरे में जा कर चार्ली को संभालो। देखो, कितनी देर से अजीब-

सी आवाजें निकाल रहा है। मैं नहीं चाहता कि तुम लोगों की वजह से अब और बात बिगड़े। जिग्गी कर रही है कोशिश। कोई ना कोई नतीजा निकल ही आएगा।'

टीना दो मिनट के लिए चुप रही, फिर उसने उठते हुए कहा- 'मुझे एक चांस देना तो बनता है। आफ्टर ऑल, जूना की मैं सबसे बेस्ट फ्रेंड हूँ। मेरी बात मानता है वो।'

पापा अबकि सिर हिलाते हुए बोले, 'ठीक है, कल सोचेंगे। तुम जाओ कमरे में, मम्मी को भेजो यहाँ। उन्होंने सुबह से कुछ नहीं खाया है।'

टीना टेढ़ा-सा मुँह बना कर उठ गई।

मम्मी के पास जाने के बजाय वो ड्राइंग रूम में आ गई। चार्ली, बोस्की की गोद में था और बोस्की उसके बाल सहलाती हुई बोल रही थी, 'क्या हुआ मेरे लिटल डॉगी को?'

चार्ली रुआंसी आवाज में बोला, 'किसी ने मेरे को जोर से चिमटी काटी। देखो, बम लाल कर दिया है।' अब वो तुतलाता नहीं रहा था।

सच में उसके बम में लाल चिकोटी का निशान पड़ गया था। टीना के नाखून खतरनाक थे।

बोस्की उसे सहलाने लगी। टीना को देख कर चार्ली हल्के से भौंक कर बोला, 'टीना ने काटा मुझको... मैंने देखा ... पिंक नेल पेंट, सेम-सेम।'

'झूठा! मैं तो इतनी देर से मम्मी के कमरे में थी।'

चार्ली कन्फ्यूज्ड हो गया। उसने कूं-कूं की आवाज निकाली और बोस्की की गोद में सिर गढ़ा कर कहा, 'टीना गंदी है, चिमटी काटती है। बोस्की गुड है, गोद में खिलाती है।'

टीना को लगा बोस्की कुछ कहेगी। अब तक तो उसने देख ही लिया होगा कि उसके मोबाइल का पासवर्ड बदल गया है। बोस्की ने कुछ नहीं कहा, बस टीना को घूरती रही।

अचानक उसने सिर उठा कर कहा, 'सिस। अपना प्लान बता...'

टीना हड़बड़ाई, 'कौन-सा प्लान?'

'वही जो तू जिग्गी आंटी को बताने गई थी।'

बोस्की स्मार्ट है। उससे कुछ छिप नहीं सकता।

टीना ने कंधे उचकाए और बोली, 'किसी को यकीन नहीं है कि मैं कुछ कर सकती हूँ।'

'मुझे है।' बोस्की धीरे से बोली।

'ओके! लेकिन वो कैसे?'

'टीन, मीन, पंपकीन। तू मुझसे ज्यादा मैजिक जानती है। सच तो यह है कि तेरे मैजिकल पावर्स अब भी तेरे पास हैं। तू जूना के क्लोज रही है। वो कहीं भी जाए, तुझे क्लू ज़रूर भेजेगा ... हम्म मुझे भी ऐसा लगता है।'

टीना ने बस सिर हिला दिया। दोनों बहनों के पास कोई सॉलिड प्लान नहीं है। बस, इरादे नेक हैं। जूना को किसी तरह सेफ एंड साउंड घर वापस लाया जाए।

टीना को पता है, बोस्की को भी पता है कि उसके दिल में क्या है। दोनों के दिल में फिलहाल जूना की वापसी है। अचानक टीना ने तेज आवाज़ में कहा, 'लेट्स डू इट। मुझे डर लग रहा है, देर ना हो जाए।'

बोस्की ने चौंक कर उसकी तरफ़ देखा, 'कब?'

'आज! मैं कुछ कान्टेक्ट्स से बात करने की कोशिश करती हूँ।'

'ठीक है। आइ एम विद यू। बस सिस्टर, गंदा वाला गेम मत खेलना मेरे साथ। आई होप, तुझे पता है मैं क्या कह रही हूँ।'

टीना ने हाँ कहा और फौरन बोस्की को नया पासवर्ड बता दिया। पुराना तो अब चलने से रहा। बोस्की ने ना उसे गाली दी ना कुछ कहा। उसे पता था, टीना कुछ टेस्ट कर रही है। उसे टेस्ट करने वाली, एडवेंचर करने वाली और बिना कहे आफत में पड़ जाने वाली अपनी बहन अच्छी लगती है।

पापा पता नहीं कहाँ निकल गए थे। शायद वापस गुड़गांव चले गए थे। उन्होंने दोनों गर्ल्स को बताना ज़रूरी नहीं समझा। ठीक है, सब टेंशन में है। होता है ऐसा, दोनों बहनें तैयार हो रही हैं। चुपके-चुपके। साथ में क्या ले जाए? अगर सच में दूसरे प्लानेट जाना पड़ा तो क्या ही ले जाए साथ में। लेकिन टीना ने बोस्की को कह दिया है, 'तुम अपना लिप बाम जरूर ले लेना। हर दस मिनट में तेरे लिप्स सूख जाते हैं। और हाँ यार, सेनिटरी नैपकिन भी रख लेना।'

बोस्की के पास एक बैग पैक है, पीठ में बांधने वाला। वो उसमें सामान रखती जा रही है।

टीना थोड़ी नर्वस भी है, 'बोस्की, पैसे? वो तो हमारे पास नहीं हैं और ना ही क्रेडिट कार्ड।'

बोस्की शांत आवाज़ में बोली, 'सिस्टर, हम जहाँ जा रहे हैं, वहाँ हमारा वाले पैसे और कार्ड नहीं चलेंगे। सो, जस्ट चिल, देख लेंगे। हम लोग डफर थोड़े हैं और तुझे तो मैजिक भी आता है। कुछ ना कुछ कर ही लेंगे।'

टीना ने हाँ में सिर हिलाया, 'राइट! सुन, चुइंगम और लेमन चूस भी रख ले। मुझे एयर ट्रेवल में सिकनेस होती है।'

कैसी एयर ट्रेवल? पता नहीं दूसरे प्लानेट जाने वाले स्पेस शिप प्लेन की तरह चलते हैं या रॉकेट की तरह?

ज्यादा सोचने का नहीं, बस जो दिल में आया करने का।

टीना ने यही सोच कर अपना सिर झटक दिया।

वो बहुत देर से अफ्रीका में जूना से डरने वाले बंदर को कॉन्टेक्ट करने की कोशिश कर रही थी। उसे वहाँ की आवाजें तो आ रही थीं, पर वो ख़ुद उस मंकी को देख नहीं पा रही थी। क्या पता, उससे बात कर, कोई सुराग मिल जाए।

रात जागने लगी और रात के साथ दोनों बहनें भी। दोनों गजब की एक्साइटेड थीं। पता नहीं, आगे क्या होगा?

टीना ने अपने सारे एंटीना जगा रखे थे। बोस्की कोशिश कर रही थी कि उसे भी पावर वापस मिल जाए। टीना को घर के नीचे पेड़ पर एक अजीब-सी आवाज़ सुनाई पड़ी। चार्ली गंदे तरीक़े से भौंकने लगा। टीना और बोस्की दरवाजा खोलकर सीढ़ियों से नीचे उतरीं। घर के बाहर नीम के पेड़ पर अजब से दिखने वाले, इंटरनेशनल बंदर खों-खों कर रहे थे। रात को? बंदर रात को तो नहीं आते ना। टीना ने बोस्की का हाथ पकड़ लिया, 'लग रहा है, वो आ गया।'

उनके सामने खड़ा था, नाटा बंदर। सिर पर एक लाल कैप लगाए।

उसके साथ बंदरों की पूरी फौज थी। बड़े-बड़े बंदर, सब नीम की पत्तियों को खा कर थू-थू कर रहे थे।

नाटा बंदर आगे आकर टीना से हाथ मिलाते हुए बोला, 'हैलो मिस। कैसे याद किया? दोपहर से मैसेज भेज रही हो।'

'हम्म। मैं आने वाली थी तुमसे मिलने। गुड, तुम आ गए नाटा।'

नाटा ने मुंह बिचकाया, 'मेरा नाम नाटा नहीं है। डोना है, पता है ना तुमको!'

'हाँ! पिछली बार भी तुमने बताया था, मिस्टर डोना। तुमसे एक अर्जेंट काम है- जूना गायब है। ऐसा लग रहा है कि वो किसी दूसरे प्लानेट पर चला गया है। अब कोई ज़बरदस्ती लेकर गया है या वो अपनी मर्ज़ी से गया है, ये नहीं पता। तुम्हें कुछ पता है तो बताओ।'

डोना ने घूरते हुए कहा, 'बहुत सेल्फिश हो तुम टीना। तुम हमेशा जूना की वजह से ही मुझे याद करती हो। मैं भी प्राब्लम में हूँ, तुम्हें पता है कि नहीं?'

'तुम्हें क्या हुआ डोना? अच्छे-भले तो हो। फिट एंड फाइन।'

'नो मिस। ना ही मैं फिट हूँ और ना ही फाइन। मेरी एक टांग टूटी हुई है। मैं अपने घर से डर कर भागा-भागा फिर रहा हूँ और सच कहूँ तो मुझे भी जूना की तलाश है और एक वो ही है जो मुझे बचा सकता है।'

'हें? तुम्हें क्या हुआ डोना? तुम्हारे पीछे कौन पड़ गया?'

'तुम्हारी बातों से लग रहा है, ये वही लोग हैं जो जूना को अपने साथ लेकर गए हैं।'

'कौन लोग?'

'तुम ह्यूमन लोग नहीं समझोगे। हम सब स्पेशल स्पीसीज को बहुत खतरा है। हम लोग कम से कम होते जा रहे हैं। इस दुनिया में मैजिक आना और मैजिक के साथ रहना मुश्किल है। सब हमारा गलत इस्तेमाल करना चाहते हैं। मुझे देखो, मेरे पास तो जूना जितनी भी पावर्स नहीं है। पर कोई है जो मेरी पावर्स लेने की कोशिश कर रहा है। मैं अब पहले की तरह ना उड़ सकता हूँ ना जादू के करामात दिखा सकता हूँ। मैं बहुत मुश्किल से अपनी टीम के कंधे पर बैठकर यहाँ तक आया हूँ और शायद अब यहाँ से वापस भी नहीं जा पाऊंगा।'

'तुम्हारे पावर्स चले गए डोना? पता है, जूना के साथ भी यही हुआ। उसके पास भी पॉवर नहीं है, मतलब उसके पॉवर भी काम नहीं कर रहे हैं जिसकी वजह से मैं उससे कॉन्टेक्ट भी नहीं कर पा रही हूँ।'

'ओह बेचारा जूना। वो मुझे बहुत सताता था, हमेशा बुली करता था। पर फिर भी बहुत प्यारा था। ही वॉज, सॉरी इज लाइक माई एल्डर ब्रो।'

बोलते-बोलते डोना रुआंसा हो गया। टीना आगे बढ़कर उसकी छोटा-सी पीठ थपथपाने लगी।

'डोना, ब्रो, मुझे बताओ, वो कौन है जो तुम्हारे पीछे पड़ा है? और तुम्हें तंग कर रहा है?'

डोना ने अपनी आँखें बड़ी की फिर अपना गला राउंड-राउंड घुमा दिया। और कोई होता तो डर जाता। पर टीना और बोस्की क्यों डरेंगी? वो तो खुद भी ऐसा कर सकती है। वैसे जूना तो दिनभर यही करता रहता था।

डोना ने अबकि धीरे से, रहस्यात्मक आवाज़ में कहा, 'वो कोई नहीं है। वो कहाँ है, किसी को नहीं पता। हवा की तरह आता है और मार-पीट कर चला जाता है। मैं दस दिन से सोच रहा हूँ कि यह कौन हो सकता है।'

'दस दिन? ये तो लंबा टाइम है ब्रो? तुमने किसी से बात की थी इस बारे में?'

डोना सोच कर बोला, 'नहीं! मुझे लगा, मैं खुद सॉल्व कर लूंगा। फिर कल मेरे फ्रेंड ने मुझसे कॉन्टेक्ट किया। मैं और वो एक टाइम पर एक विलेन के लिए काम करते थे। फिर वो चला गया बाहर। वो मेरी क्या हैल्प कर सकता है? वो तो दूसरे प्लानेट में रहता है ना!'

दूसरे प्लानेट के नाम से बोस्की चौंकी, फिर चीखते हुए बोली, 'डोना द डफर! तुम इतनी देर बाद यह बात बता रहे हो कि तुम्हारा फ्रेंड दूसरे प्लानेट में रहता है। सबसे पहले

तुम्हें यह बात बतानी चाहिए। अच्छा यह बताओ कि तुम्हारे फ्रेंड ने तुम्हें क्यों कॉन्टेक्ट किया था?'

'मेरा फ्रेंड रमन्ना थोड़ा क्रेज़ी है। मुझसे पूछ रहा था कि चाइनीज़ हक्का नूडल्स कैसे बनाते हैं? उसकी रेसिपी बताओ? मैं नाराज़ हो गया और मैंने फोन रख दिया।'

बोस्की आगे आई और नाटे बंदर के दोनों कान पकड़ कर खींचते हुए बोली, 'ये इतना बड़ा क्लू है कि हमारे जूना को वो लोग उस प्लानेट में ले जाने की तैयारी कर रहे थे। ये बात तो पूरे वर्ल्ड को पता है कि जूना को चाइनीज खाना कितना पसंद है। इसलिए वो चाइनीज हक्का नूडल्स की रेसिपी मांग रहा था तुझसे।'

डोना हक्का-बक्का हो गया, 'हें? तो अब क्या करें?'

'स्टुपिड, अपने फ्रेंड रमन्ना से कॉन्टेक्ट कर। उससे चिकनी-चमेली बातें कर और उससे कह, कि तू उसे कितना मिस कर रहा है और उससे मिलने आना चाहता है।'

डोना ने लंबी सांस ली और अपना रेड कैप ठीक करते हुए कहा, 'रमन्ना अगर मुझसे पूछेगा कि उस दिन मैंने उसे रेसिपी नहीं बताई और अब अपने मतलब से कॉन्टेक्ट कर रहा हूँ तो मुझसे नाराज नहीं होगा?'

'डफर डोना, तू एक काम कर, पहले उसे रेसिपी बता। तसल्ली से, पूरा टाइम लेकर फिर कहना कि क्यों ना तू उसे

वहाँ आकर खुद बना कर खिलाए, हक्का-बक्का नूडल्स?'

'हाँ, ये ठीक रहेगा बोस्की सिस्टर। क्या मैं उससे यह भी पूछ लूं कि जूना वहाँ है क्या?'

टीना हाँ कहने ही वाली थी कि बोस्की ने अपना सिर पकड़ते हुए कहा, 'बिलकुल नहीं। तुम ऐसा कुछ नहीं कहोगे। हमें इस समय नहीं पता कि कौन हमारे साथ है, कौन नहीं। इसलिए तुम उतना ही कहो, जितना मैंने अभी तुमसे कहा है।'

डोना ने हाँ में सिर हिलाया। इसके बाद उसने मुंडी चारों तरफ़ घुमाई और सोचते हुए बोला, 'मुझे सिग्नल पकड़ने के लिए पेड़ के ऊपर चढ़ना होगा। डोंट माइंड...'

उसके पेड़ पर चढ़ते ही बोस्की एक्साइटेड हो कर चिल्लाई, 'एट लास्ट, जूना का कुछ तो क्लू मिला!'

टीना ने उसे घूर कर देखा, 'हमें यह बात जिग्गी आंटी को बता देनी चाहिए ना?'

बोस्की सोच कर बोली, 'नहीं। पहली बात, वो हमें अकेले जाने नहीं देगी। दूसरे, वो हमारे प्लान में अपना प्लान शामिल करेगी। शायद वो तुरंत वर्क आउट नहीं होगा। हमें यह काम बिना किसी को बताए करना होगा टीना। पापा और जिग्गी आंटी हम दोनों पर ज्यादा भरोसा नहीं करते।'

टीना ने हाँ में सिर हिलाया, फिर धीरे से बोली, 'क्या मैं अपने फ्रेंड्स के व्हाट्सऐप ग्रुप में डाल दूं कि हम दूसरे प्लानेट पर जा रहे हैं जूना की खोज में?'

बोस्की को पहले तो गुस्सा आया, फिर सोच कर बोली, 'डाल दे। पहले तो उन्हें यकीन नहीं होगा। लेकिन अगर दूसरे प्लानेट में जाने के बाद हम कभी वापस नहीं आ पाए या मिशन फेल हो जाए तो सबको यही लगेगा कि हम तो बता कर गए थे। डाल दे सिस्टर...'

दस मिनट बाद डोना पेड़ से नीचे उतरा। वो थोड़ा कन्फ्यूज्ड-सा दिख रहा था।

बोस्की ने पूछा, 'ब्रो, क्या हुआ? रमन्ना से कॉन्टेक्ट हुआ?'

'हम्म... यस। सिग्नल बहुत वीक था। मैं जब उसे हक्का नूडल्स की रेसिपी बताने लगा, तो वो झल्ला कर बोला कि ठीक से सुनाई नहीं दे रहा। तू यहाँ आकर बता।'

'कहाँ आ कर ब्रो?'

'उसके प्लेनेट में आ कर। वो भेज रहा है स्पेस शिप...'

'कितनी देर में?'

डोना अभी कहने ही वाला था कि पेड़ के ऊपर की डालियां हिलने लगीं, पत्ते फड़फड़ाने लगे। रोशनी-सी दिखने

लगी और देखते ही देखते पेड़ के ऊपर घर्र-घर्र करता हुआ एक टॉय कार टाइप मशीन आ कर खड़ा हो गया। कार का पिछला दरवाजा खुला और उसमें से एक गुड लुकिंग लड़का बाहर निकला। डोना को देख कर उसने जोश से हाथ हिलाते हुए कहा, 'डोना ब्रो, एट लास्ट। तू मेरे घर आने को मान ही गया, कितने सालों से बुला रहूँ हूँ तुझे। आ जा मेरी गाड़ी में बैठ जा।'

बोस्की ने उसकी तरफ देख कर जोर से कहा, 'हम भी इसके साथ हैं रमन्ना ब्रदर।'

'तुम लोग कौन हो?' रमन्ना ने चौंक कर पूछा।

'मैं हूँ- सू शेफ बोस्की और ये है इंटरनेशनल शेफ टीना। हम दोनों चाइनीज खाना बनाने में एक्सपर्ट हैं। डोना ने जब कहा कि उसके ब्रदर को चाइनीज खाना है, तो हम कैसे मना करते?'

रमन्ना कन्फ्यूज्ड हो गया। उसने अपनी टॉय कार देखी और नहीं में सिर हिलाया।

अचानक बोस्की के पीछे से आँखों में झिलमिल रोशनी लिए टीना अपनी आवाज में चाइनीज का पूरा मसाला घोलती हुई बोली, 'प्लीज...'

चाइनीज लव स्टोरी

टीना के प्लीज़ के बारे में तुम्हें अंदाज़ा नहीं है...

वैसे तो वो बहुत कम इस शब्द का इस्तेमाल करती है, लेकिन जब करती है तो ये हॉट चॉकलेट वाला काम करता है। मीठा, क्रीमी, खूब गरम और डूब कर नरम।

तो जादू हो गया।

रमन्ना की आँखों के पुतले बाहर छलक आए। ट्रिंग-ट्रिंग, घंटी-सी बजी, ना कहने का कोई सवाल ही नहीं उठता और आख़िर में उसने इशारा किया- आ जाओ।

टॉय कार में जगह कितनी होगी? रमन्ना ने अपनी टॉय कार बनाम स्पेस शिप का ऊपर का ढक्कन खोल दिया। पीछे बस एक नाटे डोना के बैठने लायक जगह थी और आगे एक ड्राइविंग सीट। रमन्ना ने इशारा किया कि टीना आगे बैठेगी, उसके बगल में, पीछे बैठेंगे बोस्की और डोना। यानी बोस्की की गोद में डोना।

लेकिन ये क्या? अभी दो मुसाफिर और हैं कतार में।

बाप्पी को भूल गए क्या? सिस्टर्स का चमचा। उसे पता है कि शाम से दोनों बहनें कुछ गुटरगूं कर रही हैं, कुछ पका रही हैं। कहीं जाने की बात कर रही हैं और उसके चमचे, चार्ली ने भी उसे उकसा दिया कि भिड़ू, कुछ तो कर रही हैं ये सिस्टर्स। सो, दोनों काफी टाइम से उनके पीछे खड़े हैं। अब ये जो पिकनिक पर जाने को तैयार हो रही हैं दोनों सिस्टर्स, तो पीछे कैसे रहेंगे चमचे?

एक शोर के साथ बाप्पी आगे आया और बिना कुछ कहे लप-धप से चढ़ गया छोटी-सी कार में। मतलब समझ में आया? अगर वो एक बैठ जाएगा, तो बाक़ी सबको बाहर होना पड़ेगा। चार्ली तो खैर बाप्पी की ही गोद में दुबक लिया।

रमन्ना खीझ गया, 'अब ये बॉल जैसा आयटम क्या है? यहाँ क्या कर रहा है?'

बोस्की चीखी, 'बाप्पी, नीचे उतरो! हम तुम्हें नहीं ले कर जा सकते।'

'लेकिन क्यों? मैं तो कहीं जाने के लिए ही जीजी से सीजी आया हूँ।'

'समझा करो ब्रो, हम दोनों बहुत इंपार्टेंट मिशन पर जा रहे हैं।' बोस्की के बोलने से पहले टीना बोल पड़ी, 'चाइनीज हक्का नूडल बनाने...'

बाप्पी का मुँह खुला का खुला रह गया, 'तुम दोनों कमीनी सिस्टर्स मेरे बिना पार्टी करने जा रही हो? और वो भी चाइनीज। अब तो मैं बिलकुल नहीं जाऊंगा।'

रमन्ना उखड़ गया, 'मैं इतने लोगों को नहीं ले जा सकता। वहाँ जाने का प्रोटोकोल है। मैं बस दस मिनट का टाइम ले कर आया हूँ। वहाँ नहीं पहुँचूँगा तो दरवाजा बंद हो जाएगा।'

टीना ने रमन्ना से बहुत सॉफ्टली कहा, 'दस मिनट का सवाल है तो इस गदबदे बॉल से मत उलझो। ये नहीं उतरेगा, मैं गारंटी देती हूँ। मेरी बात मानो, किसी तरह कार की टोपी लगाओ और उड़ चलो।'

रमन्ना ने हताश हो कर टीना की तरफ देखा और जोर से कहा, 'सब अपना सिर नीचे करो। किसी को सिर पर चोट लगेगी तो मैं जिम्मेदार नहीं होऊँगा।'

अब हुआ यह कि सबसे नीचे बाप्पी, उसके ऊपर बोस्की और बोस्की की गोद में चार्ली और चार्ली की गोद में डोना। सबने वन, टू, थ्री, कहते हुए सिर नीचे झुकाया और टॉय शिप का ढक्कन फटाक से बंद हो गया।

सबकी सांस रुक गई। लेकिन रमन्ना ने लंबी सांस ली, 'उफ, इतनी भारी-भरकम कार मैंने कभी नहीं चलायी। पता नहीं उड़ेगी भी कि नहीं।'

उड़ गई, उड़ती चली गई। वो टीना, जिसे फ्लाइट में चक्कर आते थे, उलटी होती थी, अब हँस रही थी। सच में वो लोग ऊपर उड़ रहे थे। थोड़ी देर में बगल से एक स्टार गुजरा, चमचमाता हुआ। फिर मून नजर आया। हाँ, था वो अजीब-सा दिखने वाला सेमी-गोला मामा चांद ही। इसके बाद मिल्की वे से गुजरते हुए ना जाने वो कहाँ आ गए।

ठीक दस मिनट बाद उनके सामने लाल रंग की रोशनी थी। रोशनी धीरे-धीरे रास्ता बना रही थी। रमन्ना ने कहा, 'वेलकम टु माय प्लानेट। तुम लोगों को मैं किंग के बंगले के किचन में ले जाऊंगा। तुम लोग चाइनीज हक्का नूडल किंग के शेफ को बनाना सिखाओगे। इसके बाद मैं तुम लोगों को वापस जीजी-सीजी जहाँ तुम जाना चाहते हो छोड़ आऊंगा। दो बातों का ध्यान रखना, फर्स्ट तुम्हारे पास बस एक घंटा है रेसिपी बनाने-सिखाने के लिए। दूसरी बात ज्यादा इंपार्टेंट है, अगर तुम एक घंटे बाद मेरे प्लानेट में रह जाओगे तो तुम सबको मार दिया जाएगा।'

बाप्पी जोर से और बोस्की धीरे से चीखी, 'मार दिए जाओगे मतलब किल्ड? मर्डर? शूट?'

रमन्ना ने कहा, 'हाँ, हमारे यहाँ बाहर वालों को रहना अलाउड नहीं है। सबके लिए किंग से स्पेशल पर्मिशन लेना होता है। मुझे बस एक घंटे की परमीशन मिली है। इधर मेरा काम खत्म, उधर तुम्हारा काम खत्म।'

टीना ने रमन्ना की तरफ देखते हुए पूछा, अपनी उसी टनाटन आवाज में, 'क्या तुम बॉस नहीं हो रमन्ना?' टीना ने हलका-सा पॉज दे कर कहा, 'मुझे तो लगा तुम इस प्लानेट के किंग हो।'

रमन्ना शर्माने लगा, बिलकुल जूना की तरह। अच्छा, तो दूसरे प्लानेट के लोग भी शर्माते हैं!

'मैं तो बस एक मामूली वर्कर हूँ। किंग के राइट हैंड जैसा।'

'अच्छा। तो तुम हमें किंग से मिलवाओगे ना? तुम उसके लिए ही बनवा रहे हो ना चाइनीज हक्का नूडल्स?' अबकि बोस्की बोली।

रमन्ना चुप हो गया, फिर धीरे से बोला- 'किंग के यहाँ कोई आया है। वो जब से यहाँ आया है, उसने कुछ नहीं खाया। कह रहा है जब तक चाइनीज हक्का नूडल्स नहीं मिलेगा, वो कुछ नहीं खाएगा।'

टीना ने पलट कर बोस्की की तरफ देखा। बोस्की ने जोर से सिर हिलाया और धीरे से बोली, 'प्लीज अपने दोस्त का नाम मत लेना। यहाँ किसी को पता नहीं लगना चाहिए कि हम यहाँ क्यों आए हैं...'

टीना ने तुरंत अपने होंठ भींच लिए। वरना तो वो जोर से जूना का नाम लेने वाली थी।

अपने टॉय कार को रमन्ना ने एक बड़े से पार्क में खड़ा किया। वहाँ उसकी कार की तरह और भी बहुत-सी गाड़ियाँ थीं। अलग-अलग शेप में, छोटी-बड़ी। रमन्ना ने गाड़ी की टोपी खोली। धीरे-धीरे उसमें फंसे यात्री उतरने लगे। सबसे ज्यादा तकलीफ में बाप्पी था। नीचे उतरते ही वो दौड़ने लगा,उसके पीछे-पीछे चार्ली भी लग गया। रमन्ना जोर से चिल्लाया, 'ओए, बड़े वाले बॉल। इधर-उधर मत जाओ। अगर किसी ने देख लिया तो सीधे शूट एट साइट हो जाएगा।'

रमन्ना की आवाज सुन कर अचानक कहीं से अजीब से दिखने वाले चूहे आ गए। साइज में बड़े। दो पांवों पर खड़े और हाइट होगी डोना जैसी। सबके हाथ में दे दनादन बड़ी वाली गन। सबने एक जैसी यूनिफॉर्म पहन रखी थी।

बाप्पी दौड़ते-दौड़ते रुक गया। फिर उलटे पांव वो भाग कर टीना के पास आ कर छिप गया। लेकिन एक बंदा था, जिसे यह सब बहुत मजेदार लग रहा था, वो था- चार्ली द ग्रेट। वो तन कर चूहों के सामने खड़ा हो गया। चार्ली भी अब दो पांव में खड़ा था और ही-ही करके हंस रहा था। एक चूहे से रहा नहीं गया, 'ऐ विचित्र डॉग। तुम हो कौन? यहाँ कैसे आए? अगर एक मिनट में नहीं बताया तो यही भून कर रख देंगे।'

चार्ली हंसे जा रहा था। जूना का शिष्य था, उसने डरना नहीं सीखा था। बस हंसना सीखा था। अबकि चूहे को गुस्सा

आ गया और उसने गन हाथ में उठा ली, टीना वहाँ से चिल्लाई, 'ऐ खबरदार, उलटी खोपड़ी के चूहे। मेरे चार्ली को हाथ लगाया तो देख लेना, यहीं से अपना हाथ आगे बढ़ा कर तेरा गाल बजा दूंगी।'

इससे पहले कि चूहा कुछ समझ पाता, टीना ने वाकई वहीं से अपना हाथ बढ़ाया और चूहे के गाल पर जोरदार तमाचा जड़ दिया।

एक पल को किसी को समझ नहीं आया कि क्या हुआ। बस बोस्की का मुंह खुला का खुला रह गया। ये टीना को क्या हो जाता है? इस समय उसे अपनी जादूगरी दिखाने की क्या ज़रूरत थी?

रमन्ना ने अबकि टीना की तरफ ऐसे देखा, जैसे वो... जैसे वो... जैसे वो कोई एंजल हो। हाँ, चुड़ैल मानने की हिम्मत नहीं थी उसकी। अब उसे पक्का यकीन हो गया था कि ये एंजल, कोई गजब टाइप का नूडल्स पकाएगी, जिससे किंग खुश हो जाएगा, इंडिया में अपने बिछड़े भाई- मोगेम्बो की तरह।

इस बात को लेकर किसी ने हल्ला नहीं किया। यानी इस प्लानेट में जादू अलाउड था। और जादू करने वालों की खास इज्जत होती थी। अचानक चूहे नुमा सिपाहियों की भीड़ छंट गई। सब अटेंशन की मुद्रा में खड़े हो गए और टीना एंड गैंग

को आगे जाने का रास्ता दे दिया। कुछ चूहों को तो बोस्की ने सलाम ठोंकते हुए देखा और जिस चूहे को थप्पड़ रूपी प्रसाद मिला था, वो तो सीधे जमीन पर गिर कर सलामें मार रहा था।

रमन्ना सबसे आगे चल रहा था। बीच-बीच में वो पीछे मुड़ कर देख लेता था। टीना फुल कॉन्फीडेंस में थी। इस समय उसे पता था कि रमन्ना उसे ही देख रहा है। सोलह साल की टीना को इससे अच्छा और क्या लग सकता था? कि कोई उसे स्पेशल फील करवा रहा है। जिसकी आँखों में उसके लिए तारीफें हैं और जो मुड़-मुड़ कर उसे देख रहा है।

दिलचस्प बात तो यह थी कि इस प्लानेट में हर तरफ आसमान से कई रंग टपक रहे थे। कभी लाल रंग का धुआं-सा आकर छा जाता, तो कभी पीले रंग का बादल का टुकड़ा उनके पास से निकल जाता। एक तरफ हरा रंग उड़ रहा था तो दूसरी तरफ वायलट। आसमान में जहाँ-तहाँ स्पेस शिप भी दिखाई दे रहे थे। जमीन पर गाड़ियां नहीं थीं, सब पैदल चल रहे थे। और बीच-बीच में अजीब शक्ल के जानवर भी नजर आ जाते। सब रमन्ना को देख कर सिर झुका कर किनारे हो जाते। हाँ, जानवरों के अलावा रमन्ना की तरह आदमी और औरत भी थे। आयरन मैन की तरह लगने वाले। सबके सिर पर बड़ा-सा एक लोहे का ताज था। पैरों में लंबे वाले शूज और आँखें नीचे किए सब एक लाइन में

चलते रहते। ना कोई शोर ना कोई हॉर्न या पींपां। सड़कें भी अपने आप चल रही थीं, मानो एस्केलेटर हों। कभी जमीन पर चलतीं तो कभी ऊपर उठ जातीं। आपको चलना ही नहीं पड़ता, सड़कें खुद-ब-खुद चलती रहतीं।

आखिरकार एक बड़ा-सा बंगला नजर आया। वो भी लगभग आसमान में तैर रहा था। यानी बंगले के पांव जमीं पर नहीं थे वो जमीं और आसमां के बीच उड़ रहा था। एक बहुत बड़ा दरवाजा था, जो बंद था। रमन्ना उन सबको वहाँ से नहीं लेकर गया। वो साइड में बने एक छोटे से दरवाजे को नॉक करने लगा। दरवाजा खुला और सामने एक बड़ा-सा चूहा खड़ा था, दो पैरों में। रमन्ना को देखते ही उसने रास्ता दे दिया और ऐलान किया, 'आ गए हैं, शेफ आ गए हैं। जल्दी से किचन खाली करो।'

किचन क्या था, एक फैक्ट्री की तरह था। एक तरफ एक बड़ी-सी मशीन चल रही थी, हमारे यहाँ की फुली ऑटोमेटिक वॉशिंग मशीन टाइप। उसके भीतर कुछ घूम रहा था। मशीन के आगे एक पाइप-सा लगा था, वहाँ से एक अजीब रंग का पानी निकल कर बोतलों में गिर रहा था। बोतल भी अजीब थी, ख़ुद ही बोल रही थी- हमें पी लो, हम ब्रेक फास्ट हैं। एक ने कहा, हमें लंच में पीना जिससे तुम्हारा पेट ठीक रहेगा। और एक बोतल तो कूद कर टीना के सामने

ही आ कर खड़ी हो गयी और नाचते हुए बोली, मैं डांसिंग ड्रिंक हूँ,मुझे अभी पियो।

टीना ने उसे झटक दिया। बोतल को गुस्सा आ गया, वो टीना के सिर पर चढ़ गई और जोर से बोली, मेरी बात कोई नहीं टालता। मुझे पियो, अभी के अभी।

टीना ठहरी जादूगरनी। उसने अपनी आँखों से बोतल को चकनाचूर कर दिया। बोतल रोने लगी और चार्ली बोस्की की गोदी से कूद कर नीचे आया और उसके मना करने के बावजूद नीचे गिरा पानी पीने लगा। पीते ही उसे जैसे करंट-सा लग गया। वो पहले लिटिल चार्ली था, धीरे-धीरे वो बिग चार्ली बन गया। चार्ली की हाइट बढ़ने लगी, पेट बढ़ने लगा और साथ-साथ आवाज भी बढ़ने लगी। वो भौंक रहा था तो ऐसा लग रहा था कि जैसे कहीं बम फट रहा हो।

बोस्की डर गई। दौड़ कर रमन्ना के पास गई और पूछने लगी, 'चार्ली को क्या हो गया? वो बोतल तो कह रहा था कि वो डांसिंग ड्रिंक है।'

रमन्ना को जैसे कोई फ़र्क़ ही नहीं पड़ा, 'बेबी, डोंट वरी। यहाँ की बोतलों को झूठ बोलने की आदत है। कुछ नहीं होगा तुम्हारे स्टुपिड चार्ली को। एक-दो डकार लेगा, फिर अपने पुराने साइज में आ जाएगा।'

हुआ भी यही। लेकिन बिग चार्ली ने लिटिल चार्ली बनने से पहले किचन में बहुत कुछ तोड़-फोड़ मचा दी थी, सब चलता था यहाँ। किसी ने कुछ कहा नहीं, लेकिन झूठ बोलने वाली बोतलों को कुछ तो सजा मिलनी ही थी।

फाइनली रमन्ना उनको एक बड़े से प्लेटफॉर्म के पास ले गया। वहाँ बहुत सारी सब्ज़ियाँ थीं। बंद गोभी, शिमला मिर्च, गाजर और भी कई सारी सब्ज़ियाँ और कई साइज के चाकू भी थे। एक कार्ड बोर्ड के डिब्बे में नूडल्स उछल-कूद कर रहे थे।

रमन्ना ने टीना की तरफ देख कर कहा, 'देखो, हक्का नूडल्स बनाने की सभी चीजें हैं यहाँ। हमारे महल के शेफ भी हैं। तुम लोग बनाओ, ये लोग सीखेंगे तुमसे। मैं बाहर जा रहा हूँ अपने पुराने फ्रेंड डोना के साथ। लौट कर आऊंगा तो नूडल्स तैयार होना चाहिए।'

टीना ने एक बड़ा-सा चाकू हाथ में ऐसे उठाया, जैसे उसे खाना बनाना आता हो और वो खाना बनाने में एक्सपर्ट हो। वो किसी को क्या ही बताती कि ज़िन्दगी में पहली बार उसने अपने हाथों में चाकू उठाया था। दूसरा चाकू बोस्की ने उठाया पर चाकू उसके हाथ से फिसल कर नीचे गिर गया। बोस्की चाकू उठाने लगी तो चाकू दौड़ता हुआ ख़ुद आगे बढ़ गया।

टीना के हाथ का चाकू थोड़ा डरा हुआ था। वो धीरे से बोला, 'मैं डरपोक हूँ। मुझे लग रहा है ये सब्ज़ियाँ मुझसे नहीं कटेंगी।'

टीना सख्ती से बोली, 'मैं देखूंगी इन सब्ज़ियों को तो, कैसे नहीं कटेंगी।'

जैसे ही उसने अपने हाथ में बंद गोभी उठाई, भीतर से आवाज आई, 'दूर हट। मुझे नहीं बनना चाइनीज। दफा हो जाओ यहाँ से।'

वो सेर थी तो टीना सवा सेर। उन्हें भी तो पता चले कि एक जादूगरनी से पाला पड़ा है, और वो भी एक इंडियन जादूगरनी से।

उसने बंद गोभी को मुट्ठी में भींच कर जोर से कहा, 'अपना भला चाहती हो कैबेज रानी, तो फटाफट खुद ही टुकड़ों-टुकड़ों में कट जाओ, वो भी बारीक-बारीक।'

दो सेकेंड में प्लेटफॉर्म में कैबेज का ढेर लग गया। इसी तरह कुछ जादू से, कुछ डरा-धमका कर टीना ने सारी सब्ज़ियों से खुद-ब-ख़ुद कट जाने को कहा।

सब्ज़ियाँ तैयार। अब बारी थी नूडल्स को काबू में करने की। टीना ने डांस करते हुए नूडल्स को एक थप्पड़ जड़ दिया। सब हक्के-बक्के हो कर चुपचाप पानी में गर्म होने लगे।

टीना ने धीरे से बोस्की के कान में जा कर पूछा, 'तुझे रेसिपी आती है हक्का नूडल्स की?'

'हाँ, मम्मी बनाती तो थीं, पर कभी उन्हें बनाते हुए नहीं देखा। यू नो व्हाट आई मीन? वैसे यहाँ भी तू अपना मैजिक का इस्तेमाल क्यों नहीं करती? या मम्मी से ही पूछ ले, वो बता देंगी?'

टीना यह कर भी लेती, पर बोस्की की तरेरती आँखों को देख कर चुप रह गई। टीना को लगा, इस समय जादू का सहारा लेना सही रहेगा। टीना ने वहाँ पड़े मसालों से कहा कि ख़ुद ब ख़ुद पैन में गिर जाए। आखिरकार हक्का नूडल्स तैयार हो गया।

महल के शेफ चौंके हुए थे कि कल को जब इंडिया के ये शेफ वापस चले जाएंगे तो वो कैसे बनाएंगे हक्का नूडल्स? क्या ये नूडल्स और वेजिटेबल्स उनका कहना मानेंगे?

टीना द ग्रेट की वजह से बस पंद्रह मिनट में डिश तैयार हो गई। रमन्ना तक यह खबर पहुंचाई गई। वो दौड़ता हुआ आया और सोचने लगा, टीना तो सच में जादूगरनी निकली।

टीना ने रमन्ना से कहा, कि जब इस प्लानेट में आ ही गए हैं तो क्यों ना उन्हें थोड़ा घुमा-फिरा दिया जाए? अभी तो बहुत टाइम है उनके पास। उस गेस्ट से भी मिला दिया जाए जिसे इंडिया का चाइनीज नूडल्स पसंद है।

रमन्ना को उसकी बात जम गई। वैसे वो इतना डफर नहीं था कि किसी की बातों में आ जाता। पर टीना किसी नहीं थी। वो तो चमकती आँखों वाली एक चुड़ैल एंजेल थी।

अब महल है तो कहीं तुम हमारे प्लानेट वाले महल की कल्पना तो नहीं कर रहे? आलीशान कमरे, एक बड़ा सा सिंहासन जहाँ किंग बैठा होगा। उसके सौ-दो सौ नौकर। सोने-हीरे के बने फर्नीचर, बड़ी-बड़ी पेंटिंग्स और खूब सजे-धजे लोग।

ना, यहाँ ऐसा कुछ नहीं था। हवाओं से बने रास्ते, जहाँ से जिसका मन हो गुजर जाओ। अगर रास्ता गलत पकड़ लिया तो कोई बात नहीं, हवा से उड़ता कोई अजीब-सा दिखने वाला जानवर आएगा और सही रास्ता दिखा देगा।

टीना ने अपने हाथ में नूडल्स का एक बाउल ले रखा था। बोस्की की निगाहें हर कहीं जूना को तलाश रही थीं।

आखिरकार एक संकरा-सा रास्ता आया, उसमें सबको लेट कर पार करना था। रमन्ना ने मुड़ कर देखा कि उसकी जादूगरनी नूडल्स के बाउल का क्या करती है। टीना ने जादू के जोर से बाउल गायब कर दिया। जब टनल से बाहर निकली तो वापस बाउल अपने हाथ में ले लिया।

यानी इस समय पूरा खेल खेल रही थी दिलवाली जादूगरनी।

टनल के उस पार एक बिस्तर था। बिस्तर के ऊपर कोई हवा में लटक रहा था।

बोस्की के मुंह से निकला- जूना...

हाँ, वो जूना ही था। उसने वही जैकेट पहन रखा था, जो उसने गायब होने वाले दिन पहना था।

जूना बोस्की की आवाज सुन कर पलटा।

'हैलो बोस्की, हाय टीना। यहाँ कैसे आए?'

जूना की आवाज को क्या हो गया था? कोई एक्साइटमेंट नहीं, कोई सफाई नहीं।

टीना को ज़बरदस्त गुस्सा आया। ये क्या एटीट्यूड है भई। पर बोस्की ने आवाज दबा कर प्यार से कहा, 'जूना, मेरे प्यारे ब्रो। हमें पता चला कि तुम जबसे यहाँ आए हो, तुमने कुछ नहीं खाया है। इसलिए हम तुम्हारे लिए नूडल्स बनाने यहाँ आए हैं!'

जूना की आखिरी विश

जूना ...

जिस बात का डर था वही हुआ।

वो किडनैप नहीं हुआ था।

अपनी मर्ज़ी से आया था।

यहाँ, इस प्लानेट में। जिसका नाम है टूना...

घंटी बजी? चौथे एपिसोड में तुम्हें बताया था ना कि जूना की मम्मी उसे जिग्गी आंटी के पास छोड़ कर टूना प्लानेट आ गई थीं? यह भी बताया था कि जूना का पापा इस स्टोरी के विलेन हैं। वो पीछे पड़ा है अपनी वाइफ जूली के। उसे अपनी वाइफ के सारे पावर्स चाहिए थे। उससे जान बचा कर ही जूली, टूना प्लानेट भागी थी। लेकिन इस कहानी में एक ट्विस्ट है। जूली ने टूना प्लानेट जाने से पहले जूना को अपने सारे पावर्स दे दिए थे। वो भी तब, जब वो अंडे के भीतर था।

उसके डैड को यह बात नहीं पता थी।

खैर। डैड टूना प्लानेट में जब जूली से मिले, तब जूली एक बूढ़ी-सी मिनी डायनासोर नुमा जानवर बन चुकी थी। वो दोनों बुरे हाल में थे। मम्मी डायनो, ओल्डेज होम में थी और डैड डायनो जेल में। उसे देख कर डैड का दिल बदल गया। जब वो जूली से मिले था तो वो कितनी सुंदर हुआ करती थी। फिर जूली ने डैडी को बताया कि उन दोनों का एक बेटा है जूना। डैड की आँखें खुशी से फट गई। उसका बेटा?

फिर जब जूली ने बताया कि उसने अपने सारे पावर्स बेटे को दे दिए, तो डैड डबल खुश हो गए।

फिर डैड की जिंदगी पलट गई।

डैड ने यह बात अफ्रीका के जंगल में रहने वाले अपने पुराने फ्रेंड एल्फर्ड को बता दी। कि उसका एक बेटा है, जिसके पास जूली के सारे पॉवर्स हैं लेकिन बेटे को अभी पावर्स यूज करने नहीं आते। उसे जल्द ही टूना प्लानेट बुलाऊंगा और यहाँ उसके पॉवर का इस्तेमाल करूंगा।

एल्फर्ड ठहरा एक नंबर का लालची। उसे पता था कि डैड किसी भी तरह से जूना को अपने पास बुला लेगा, पर उससे पहले जूना के भीतर जो पॉवर कूट-कूट कर भरे हैं, उसे हासिल करना होगा।

एल्फर्ड ने इसीलिए जिग्गी आंटी को फोन किया था, जिससे कि वो जूना से मिल सके, उसे हिप्नोटाइज कर सके और उसकी आँखों में आँखें डाल कर उसके सारे पावर्स खुद हजम कर सके।

एक साथ दो बातें हुईं। इससे पहले कि डैड जूना को कॉन्टेक्ट करते, अल्फर्ड ने कर लिया। वो तो सीधा जीजी ही टपक गया। जिग्गी आंटी ने बताया था ना कि एल्फर्ड हमारी-तुम्हारी ही तरह एक इंसान है, जिसके भीतर हमारी-तुम्हारी तरह जेलेसी, बदमाशी और होशियारी कूट-कूट कर भरी थी।

अल्फर्ड जूना से तब मिला, जब घर में कोई नहीं था। हाँ, रघु भी नहीं। अल्फर्ड को इतना जादू तो आता था कि बंद दरवाजे से इधर-उधर पहुँच जाता था। वो जूना से मिला तो उसने उसकी मम्मी की बातें की, अच्छी-अच्छी बातें। ये कहा कि उसकी मम्मी कितनी अच्छी मिनी डायनोसॉर थीं और जूना को कितना प्यार करती थीं। अब वक्त आ गया है कि इस दुनिया के कमीने लोगों को अलविदा कह के अपनी मम्मी से मिलने का।

जूना थोड़ा कन्फ्यूज्ड था। उसे तो लगता था कि ये जीजी ही उसका घर है, टीना, बोस्की, जिग्गी आंटी और पापा उसके अपने लोग है, अपनी फैमिली। लेकिन एल्फर्ड ने उसे यह कह कर डराया कि आफ्टर ऑल, वो एक इंसान नहीं,

एनिमल है। यहाँ सबकी तरह बाहर नहीं निकल सकता। टीना और बोस्की किसी को नहीं बतातीं कि वो उनके साथ घर में रहता है। वो हमेशा एक कमरे में बंद रहता है। सबके साथ बस, रात को बाहर निकलता है। अगर कोई उसे देख ले तो बोस्की उसे हमारा पेट डॉग कह कर इंट्रोड्यूज करवाती है। साथ में यह भी कहना नहीं भूलती कि हमारा कुत्ता थोड़ा अजीब दिखता है, एक ग्रोनअप छिपकली जैसा।

एल्फ्रेड जब जूना से यह सबकुछ कह रहा था जूना की आँखों से पानी बरस रहा था। जूना ये सब सुनकर दुःखी हो गया था। एल्फ्रेड गलत नहीं कह रहा। सच में, ऐसा ही तो होता है। टीना उसका मजाक उड़ाती है, बोस्की उस पर रौब जमाती है। बाप्पी तो खैर उससे डरता है। मम्मी उसे कुछ नहीं समझती। पापा के लिए वो बस पंखे में लटकने वाला जूना है। बस एक जिग्गी आंटी है, जो उसे बहुत प्यार करती है, बिलकुल अपने बेटे जैसा। पर वो खुद भी तो बूढ़ी होने लगी हैं। अपने साथ सीजी में नहीं रख सकतीं। यहाँ भी वही डर है कि कोई जूना को देख ना, उसे सरकस में ना ले जाए, ज़ू में ना रख दे। और हर कोई बार-बार उससे कहता है, किसी को मत बताना तुम्हें जादू आता है, वरना पक्का तुम्हें कोई उठा कर ले जाएगा।

एल्फर्ड के लिए आसान था जूना का ब्रेन वॉश करना।

जूना की ना अब धीरे-धीरे हाँ में बदलने की तरफ थी।

फिर एल्फ्रेड ने एक और चाल चली। जूना से कहा कि उसके डैडी उसे ढूँढ रहे हैं। वो बहुत खराब आदमी हैं। उन्होंने उसकी जूली मम्मी को टूना प्लानेट में छिपा कर रखा है। जूना को अपनी मम्मी को बचाने के लिए वहाँ जाना चाहिए।

जूना के दिल को यह बात लग गई।

लेकिन बस दो दिक्कतें थीं। जूना के जाने से पहले एल्फर्ड को उससे पावर हासिल करने थे और किसी तरह बिना किसी को बताए टूना प्लानेट से स्पेस शिप अरेंज करना था। जूना एक बार यहाँ से वहाँ चला जाए तो सारी प्रॉब्लम खत्म। जूना के पावर्स के साथ एल्फर्ड इतना पॉवरफुल हो जाएगा कि पूरी दुनिया को अपनी छोटी उंगली से नचा सकेगा।

जूना थोड़ा खुश भी है और थोड़ा दु:खी भी। अल्फ्रेड ने उससे कहा है, किसी को इस प्लान के बारे में मत बताना। यहाँ कोई नहीं चाहता कि तुम दूसरे प्लानेट जाओ। यहाँ सब तुम्हारा फायदा उठाना चाहते हैं। तुम बस मेरी बात का यकीन करना।

एल्फ्रेड ने यह भी कहा कि तुम अपने पावर्स ले कर दूसरे प्लानेट ट्रेवल नहीं कर सकते। तुम अपने पावर्स मुझे दे देना। जैसे ही तुम वहाँ पहुंचोगे, मैं तुम्हें वापस कर दूंगा।

कुछ-कुछ ऐसे ही जैसे आजकल हमारे देश में डिजिटल अरेस्ट करके स्कैमर्स इनोसेंट लोगों से पैसा ठग रहे हैं।

जूना ने पूछा था उससे कि तुम मेरे लिए इतना क्यों सोच रहे हो? जिग्गी मम्मी तो कहती हैं कि तुम हमारे दुश्मन हो।

एल्फ्रेड सोचते हुए बोला, 'मैं उनका दुश्मन हूँ, तुम्हारा नहीं। मैं शुरू से चाहता था कि तुम अपनी मम्मी के साथ रहो। लेकिन जिग्गी ऐसा नहीं चाहती थी। मैं उससे बार-बार कहता था कि जूना यहाँ का नहीं है, उसे अपने घर भेजो। पर वो बार-बार एक ही जवाब देती, कि जूना यहीं रहेगा। वो तुम्हें मुझसे दूर रखने लगी। मैंने बहुत मुश्किल से तुम्हारा एड्रेस निकाला है। मैं पिछले कई दिनों से जिग्गी को कॉल कर रहा हूं, उसके घर के आगे अपने जासूस लगा रखे हैं। उन लोगों ने ही मुझे बताया कि जिग्गी का भाई जीजी में रहता है, मैं तुम्हें ढूँढते हुए यहाँ आया हूँ। मैं तुम्हारी हैल्प करना चाहता हूँ, जूना। पूछो क्यों? बस तुम्हारी मम्मी की वजह से। वो बहुत अच्छी लेडी हैं। बूढ़ी हो रही है अब। तुम्हें उनका ख्याल रखना चाहिए।'

जूना को अच्छी तरह इमोशनल ब्लैकमेल करने के बाद एल्फर्ड ने धीरे-धीरे उसके सारे पॉवर हथिया लिए। अब वो ना पंखे पर झूल पाता था और ना उड़ पाता था। उसका दिमाग भी कम काम करने लगा। वो बेवजह हंसने लगा,

बेवजह दु:खी होने लगा। मन तो कर रहा था कि अपनी बेस्ट फ्रेंड टीना को सबकुछ बता दे। वो मना थोड़े ही करेगी। पर, बता नहीं पाया। फिर एक दिन उसने बोस्की और टीना की बातें सुन ली। ठंड के दिन आ रहे हैं, जूना को यहाँ से रफा-दफा करना होगा। कमबख्त इतनी जोर से दांत किटकिटाता है कि हमारी नींद खुल जाती है। जूना को यह सुन कर बहुत रोना आया। फिर सिस्टर्स ने प्लान बनाया कि उसे जीजी से सीजी ले कर जाएंगे। शादी में। तुम भी मजे करना जूना। जूना ने एल्फ्रेड को बताया इस प्रोग्राम के बारे में। एल्फ्रेड की आँखें चमकने लगीं। वो तुरंत बोला, 'डन, तुम हाँ कह दो। अपनी तरफ से पैकिंग कर लेना। और हाँ, तुम अपनी जरूरी दवाएं रख लेना। तुम्हें अगर ट्रेवल में दिक्कत होती है तो वो भी। बाक़ी मैं देख लूंगा।'

एल्फ्रेड ने सोचा था कि वो चंडीगढ़ स्पेस शिप भेजेगा, जिग्गी आंटी के घर के सामने। पर जूना ने कहा कि वहाँ तो सब लोग होंगे, सबके सामने कैसे जा पाएगा?

एल्फ्रेड बदमाश तो था ही, उसने फौरन प्लान चेंज कर लिया। जूना ने ही उसे बताया कि सब लोग जब गाड़ी से चंडीगढ़ जाते हैं तो मुरथल में नाश्ता करने रुकते हैं। मुरथल... आयडिया अच्छा था। ढाबे के पीछे खेत थे। एल्फ्रेड का ही आयडिया था कि वो कुछ ऐसा क्लू छोड़ कर जाए, जिससे लगे कि उसे कोई किडनैप करके ले गया है।

हैल्प लिख दे, अपने खून से, ग्रीन रंग का ब्लड होगा तो सब यकीन करेंगे कि ज़रूर जूना ने लिखा है। यानी फुल टू प्लान।

यहाँ सब लोग किडनैपिंग के चक्कर में उलझे रहेंगे, तब तक जूना स्पेस शिप में पहुंच जाएगा, प्लानेट टूना में।

एल्फ्रेड ने टूना प्लानेट में जूना के डैडी से कॉन्टेक्ट किया। उसे बताया कि उसका बेटा इंडिया में, गुड़गांव में कितनी मुसीबत में है। डैड तो वैसे भी अपने एकलौते बेटे से मिलना चाहते थे। उन्होंने फौरन कहा कि वो अपना सबसे अच्छा वाला स्पेस शिप भेजेंगे अपने बेटे को लाने।

बस तो फिर क्या? पूरी प्लानिंग सही थी। बोस्की और टीना के पापा ने मुरथल में नाश्ता करने के लिए गाड़ी रोकी। बोस्की गाड़ी में ही रह गई। सब चले गए नाश्ता करने। एल्फ्रेड पांच मिनट गाड़ी के बाहर खड़ा रहा। ये मुटल्ली उतर क्यों नहीं रही गाड़ी से? पर बोस्की तो कान में इयरप्लग लगाए योयो हनी सिंह का लेटेस्ट गाना सुनने में मस्त थी।

तब तक एल्फ्रेड को सिग्नल मिल गया कि स्पेस शिप लैंड हो रहा है। उसने धीरे से गाड़ी की डिक्की पर दस्तक दी। जूना ने डिक्की खोली। लेकिन जूना अब भी वो डाउट में था- जाए कि न जाए।

एल्फ्रेड ने उसे गले लगाते हुए कहा, बेटा, तुम्हारी मम्मी से मिलने का टाइम आ गया है। जल्दी करो। किसी ने देख

लिया तो मुसीबत हो जाएगी। तुम्हें सीधे ज़ू ले कर जाएंगे। क्या तुम वहाँ जाना चाहते हो?

जूना ने नहीं में सिर हिलाया। अल्फ्रेड सबसे बचते-बचाते उसे ढाबों के पीछे खेत के पास ले गया। खेत के बीचोबीच एक खिलौना घूम रहा था। उसके आसपास धूल थी। अल्फ्रेड ने इशारा किया, 'जूना, ये रहा तुम्हारा स्पेस शिप।'

जूना ने आश्चर्य से देखा, इतना छोटा सा खिलौना? इसमें तो उसका मुंह भी नहीं आएगा।

एल्फ्रेड हंसने लगा। जैसे-जैसे वो हंसता गया, खिलौने का साइज बढ़ता गया। अचानक बॉल जैसे दिखने वाले खिलौने का ऊपर का हिस्सा खुल गया। आवाज आई, प्रिय बेटे जूना, वेलकम होम। प्लीज अंदर आ जाओ। तुम्हारे डैड तुम्हारा इंतज़ार कर रहे हैं।

जूना ने चौंक कर एल्फ्रेड की तरफ देखा, डैड? वो कौन है? उसे तो मम्मी से मिलना है।

एल्फ्रेड ने भारी-भरकम जूना को हाथों में उठाया और खिलौने में बिठाते हुए कहा, 'तुम मम्मी-पापा के चक्कर में मत पड़ो। निकल चलो यहाँ से।'

जूना के हाथ से उसके खून से लिखा हैल्प वाला पोस्टेड निकाल कर एल्फ्रेड ने ही खेत में घूम रहे चूहे के पांव में फंसा

दिया। एल्फ्रेड की शक्ल इतनी भयानक थी कि चूहा थर-थर कांपने लगा।

और बस... स्पेस शिप जूना को ले कर चल पड़ा।

'देट्स ऑल माइ स्टोरी।' जूना ने अपने कंधे उचकाते हुए कहा।

टीना नाराज हो गई, 'तुम इस तरह बिना हम सबको बताए कैसे आ सकते हो जूना? देख नहीं रहे, हम सब तुम्हारे लिए कितने परेशान हैं।'

जूना का चेहरा उतर गया। टीना को दुःखी देखना उसे कभी पसंद नहीं था।

बोस्की ने उसे डांटते हुए कहा, 'तुम्हारे पास आने के लिए हमें कितनी चालें चलनी पड़ीं, जबसे हमें पता चला कि तुमने यहाँ आने के बाद से कुछ नहीं खाया, हम सबने भी कुछ नहीं खाया।'

जूना की आवाज भर्रा गई, 'सॉरी बोस्की। मुझे लगा था कि तुम दोनों सिस्टर मुझे पसंद नहीं करती। तुम दोनों डिस्कस कर रही थी कि मैं कितनी जोर से दांत किटकिटाता हूँ, तुम लोगों को तंग करता हूँ, इसलिए तुम मेरे साथ नहीं रहना चाहती, तो मैं अपसेट हो गया।'

‘इसमें नया क्या था? हम तो हमेशा तुम्हारी टांग खींचते थे। अच्छा ये बताओ जूना, तुमने डेफ और डंब बनने की दवाई क्यों मंगवाई थी डॉक्टर तेजा से? क्या वाकई तुम हम दोनों से इतने परेशान थे?’

‘बोस्की, ऐसा मत कहो। परेशान तो तुम दोनों थे। मैं तो रहना चाहता था तुम्हारे साथ। वो गूंगा-बहरा होने की दवाई का आयडिया एल्फ्रेड का था। उसने कहा था कि तुम टूना प्लानेट जा कर किसी को मत बताना कि तुमने अपने पॉवर्स मुझे दे दिए हैं। अगर तुम्हारे डैड पूछें तो ये दवाई खा लेना। ना तुम उनकी बात सुन सकोगे ना कुछ बोल सकोगे।’

बोस्की ने अपनी आँखें घुमाई और चौंकते हुए कहा, ‘ये एल्फ्रेड का बच्चा तो हमारी उम्मीद से भी ज्यादा स्मार्ट निकला। पर तुम जूना...पर तुम तो हमारे बड्डी हो न। इतना बड़ा डिसीजन कैसे ले सकते हो? हमारे बिना कैसे रह पाओगे जूना?’

बोस्की अचानक जोर से बोली, ‘जूना, तुमने कहा था, एल्फ्रेड तुम्हारे पावर्स तुम्हें वापस करेगा, क्या उसने ऐसा किया?’

इतने सारे सवाल? जो सबसे ज़रूरी सवाल था, सिस्टर्स ने वो तो किया ही नहीं।

सिस्टर्स के सवालों का जवाब देने वहाँ आ गईं, जूना की मम्मी जूली। वो एक बूढ़ी-सी दिखने वाली, छोटे कद की मिनी डायनो थीं। उनके सिर पर एक छोटा-सा ताज था।

ताज में लगे हीरे दम-दम दमक रहे थे।

वो आईं तो एकदम से वहाँ रोशनी हो गई, वो भी सतरंगी।

जूना ने उनसे कहा, 'सब उठ कर सलाम करो। मेरी मम्मी इस प्लानेट की क्वीन हैं।'

क्वीन? वाह! टीना ने झुक कर सलाम किया। बोस्की ने हाथ जोड़ दिए। बाप्पी तो जमीन पर लेट गया और चार्ली दोनों हाथ ऊपर उठा कर सलामी देने लगा। रमन्ना और डोना तो खैर सबसे दूर अटेंशन की मुद्रा में थे।

क्वीन जूली की आवाज बहुत मीठी थी। उसने बोलना शुरू किया, 'सबसे पहले तो बता दूं कि एल्फ्रेड एक नंबर का कमीना है। वो कभी जूना के पावर्स नहीं लौटाएगा। दूसरे, मैं यहाँ की क्वीन बस एक वीक पहले बनी हूँ। उससे पहले मेरी जिंदगी बहुत बेकार थी। मैं एक ओल्डेज होम में रहती थी। टूना प्लानेट का राजा बहुत क्रूर था। कई सालों से हम सब बहुत बुरे हाल में जी रहे थे। फिर जूना के डैड ने डिसाइड किया वो उसे इलेक्शन में उसे हराएंगे और यहाँ रहने वालों के दिन बदलेंगे।'

जूना के डैडी? क्या वो हैं टूना प्लानेट के राजा?

लेकिन वो तो खराब आदमी थे ना?

क्वीन दुखी हो कर बोलीं, 'ऐसा सबने कहा, तो मैंने भी समझ लिया। एक्चुअली वो तो कई साल से यहाँ जेल में थे। वो मुझे ढूँढते हुए यहाँ आए थे। मुझे यह बात नहीं पता थी। जब एक बार हम ओल्डेज में रहने वाले जेल के कैदियों के लिए खाना बना कर ले कर गए, तब मेरी उनसे मुलाकात हुई थी।'

टीना चौंक कर बोली, 'टूना प्लानेट में भी वही सब होता है, जो हमारे यहाँ होता है। कुछ-कुछ होता है, है ना क्वीन? फिर क्या हुआ? आपकी डैडी जी से दोस्ती हो गई? आपने उन्हें जेल से निकलने में और राजा के अगेंस्ट लड़ने में हैल्प की। है ना?'

क्वीन ने हाँ में सिर हिलाया, 'मैं बहुत दिनों से कह रही थी डैडी से कि अब हमें अपने बेटे को अपने पास बुलाना चाहिए। डैडी बोले कि जब मैं किंग बन जाऊंगा, तब बुलाऊंगा। वरना वो कहाँ रहेगा? जेल में या ओल्डएज होम में?'

बात तो सही थी।

तो जूना उनका दोस्त नहीं, टूना प्लानेट का राजकुमार है।

ऐसा राजकुमार जिसे चाइनीज खाना पसंद है। राजा का एकलौता बेटा।

जिसके लिए इंडिया से स्पेशल शेफ बुला कर उसकी पसंद का खाना बनवाया जा रहा है।

जूना ने बहुत प्यार से टीना का बनाया हक्का नूडल्स खाया।

इन सबमें एक घंटा बीत गया।

रमन्ना को अचानक जैसे होश आया, वो चीख कर बोला, 'एक घंटा फिनिश। अब तुम लोगों को वापस अपने प्लानेट जाना होगा। वरना सब मार दिए जाओगे...'

बोस्की ने उसे घूर कर देखा, 'हम राजकुमार के बेस्ट फ्रेंड्स हैं। तुम हमें निकालोगे यहाँ से?'

क्वीन जूली सिर हिलाती हुई बोली, 'मैंने किंग से स्पेशल पर्मीशन ले ली है। ये बच्चे हमारे गेस्ट हैं, ये जब तक चाहे यहाँ रह सकते हैं।'

टीना ने तुरंत कहा, 'हम यहाँ नहीं रहना चाहते क्वीन... हम तो जूना को ले कर गुड़गांव वापस जाना चाहते हैं। घर में सब इसका इंतजार कर रहे हैं...'

क्वीन ने चौंक कर उसकी तरफ देखा, 'मेरा बेटा यहाँ से कहीं नहीं जाएगा। वो यहाँ का राजकुमार है।'

जूना, जो अभी-अभी खूब टेस्टी वाला नूडल्स खा कर बैठा था, बीच में बोला, 'हाँ, मैं यहाँ से वापस जा सकता हूँ तुम लोगों के साथ। अगर मेरे पावर्स मुझे वापस मिल जाएंगे तो...'

टीना और बोस्की ने एक-दूसरे की तरफ देखा और सिर हिलाते हुए एक साथ कहा, 'डन, हम वापस दिलाएंगे तुम्हारे पावर्स...'

टाटा-बायबाय टूना राजा

अब टाइम है टूना प्लानेट के किंग से मिलने का।

वैसे टीना और बोस्की की उनसे मिलने में कोई दिलचस्पी नहीं है।

पर रमन्ना ने किंग को बता दिया है कि इंडिया से जूना के दोस्त आए हैं उससे मिलने। किंग ने कहा है कि उन्हें तुरंत मेरे पास ले कर आओ।

किंग ने कहा है तो मिलना ही होगा। पर पता नहीं क्यों बाप्पी को डर लग रहा है। उसे किंग, बादशाह, राजा ज्यादा पसंद नहीं। उसे लगता है सब रावण की तरह होते हैं, बाबर की तरह होते हैं, भक्त प्रहलाद के फादर की तरह होते हैं, जो बेचारी जनता पर हुकुम चलाते हैं और दूसरों को सताते हैं। कहता है, मैंने पढ़ रखा है किताबों में।

वैसे बोस्की को शक है कि बाप्पी कुछ पढ़ता भी है।

खैर!

जूली मम्मी ने अपने राजकुमार बेटे जूना की पूंछ पकड़ कर रखी है, उन्हें लगता है कि ये इंडिया से आई लड़कियाँ उसे वापस ले जाएंगी।

बस चार्ली बेपरवाह है। वो पहले की तरह जूना की सवारी कर रहा है। जूना को भी कोई प्रॉब्लम नहीं है। तो इस तरह पूरा काफिला चला आया- राजा के दरबार में।

कहीं तुम्हारे दिमाग में कोई फिल्मी सीन तो नहीं आ रहा? कि राजा द ग्रेट एक सिंहासन में बैठे होंगे? आसपास जी हुजूरों का दरबार लगा होगा? राजा के सिर पर भारी सा मुकुट होगा?

ऐसा बिलकुल नहीं था। किंग खान, सॉरी किंग ऑफ टूना एक झूले पर बैठ कर झूल रहा था। उसके सामने लकड़ी की एक बड़ी सी आलमारी थी, जिसे वो झूलते-झूलते पेंट कर लेता था। डायनोसॉर था तो कुछ तो कमाल करता। वो अपने होंठों से पेंट कर रहा था। होंठ से कभी कोई रंग निकल रहा था तो कभी कोई। इतने प्यार से वो अपने नए मिले बेटे उर्फ राजकुमार जूना के लिए अलमारी तैयार कर रहा था।

लेकिन जूना अपने डैड के इस प्यार से जरा भी इम्प्रैस नहीं लग रहा था।

उसने अपनी मम्मी से पूंछ छुड़ा कर डैड के सामने जा कर कहा, 'डैड, ये मेरे बेस्ट फ्रेंड्स हैं, मेरी फैमिली हैं। मैं दो दिन में आपके प्लानेट में बोर हो गया हूं। मुझे यहाँ बिलकुल अच्छा नहीं लग रहा। ना कोई शोर है ना पोल्यूशन। इतने सारे अच्छे लोग मुझे अच्छे नहीं लगते। टीना और बोस्की ने कहा है कि मेरे पावर्स मुझे वापस दिलवाएंगे। फिर मैं यहाँ से चला जाऊंगा।'

किंग जून की बात सुनकर चौंक गया और जूली मम्मी रोने लगीं। जूना जब रोता था तो आँख से नदी बहती थी। जूली रोती है तो आँख से आग उगलने लगती है। ओह, दूर रहो उससे। चार्ली तो एक जंप मार के जूना की गोद से बोस्की की गोद में जा बैठा। टीना ने जूना की तरफ देखा और बोस्की ने उसकी तरफ।

दोनों सिस्टर्स ने आँखों ही आँखों में कहा, इस आग उगलनेवाली मम्मी के पास राजकुमार को हरगिज नहीं छोड़ सकते।

जूली के आग से किंग घबरा गया। उसने राजकुमार से कहा, 'जूना, अब यही तुम्हारा घर है। तुम यहाँ के राजकुमार हो। मेरे जाने के बाद तुम बनोगे राजा। तुम यहाँ से कैसे जा सकते हो?'

'डैड, मुझे नहीं बनना राजा-वाजा। मुझे पसंद नहीं है किसी को ऑर्डर देना।' जूना ने धीरे से कहा। उसे यह भी नहीं पता था कि डैड लोगों से कैसे बात करनी चाहिए।

'मत देना ऑर्डर। पर जूना, यहाँ तुम्हारी मम्मी रहती है, डैड रहते हैं। तुम जैसे एनिमल रहते हैं। तुम यहाँ आज़ादी से घूम-फिर सकते हो। हम भी बहुत दिनों तक अफ्रीका में थे। लेकिन यहाँ आना पड़ा। अब अर्थ प्लानेट पहले जैसा नहीं रहा। कोई सेफ्टी नहीं है हम जादूगर एनिमल्स की।'

जूना सोचने लगा। फिर उसने पलट कर टीना की तरफ देखते हुए पूछा, 'टीना, तुम लोग यहाँ मेरे साथ क्यों नहीं रह जाते? यहाँ बहुत सारे ह्यूमंस भी रहते हैं। रमन्ना को देखो, डैड के साथ ही आया है यहाँ। तुम दोनों सिस्टर्स यहाँ मजे से रहना। स्कूल भी नहीं जाना पड़ेगा और डैड तुम दोनों को अच्छे जॉब पर रख लेंगे।'

टीना ने बोस्की की तरफ देखा। बोस्की ने नहीं में सिर हिलाया, पर टीना ने जल्दी से कह दिया, 'आयडिया बुरा नहीं है जूना। हम भी पैलेस में रहेंगे तुम्हारे साथ। फिर अब रमन्ना से भी दोस्ती हो गई है। तो सोच सकते हैं। क्यों बोस्की?'

बोस्की का मन हुआ, अपनी सिस्टर का गाल नोच ले। अपना प्लानेट, देश, शहर और घर छोड़ कर यहाँ रहेगी, इस अजीब से प्लानेट में? जहाँ दीवारों वाले घर नहीं, ठीक से

सड़कें नहीं, सड़कों पर चिल्लाती हुई गाड़ियां नहीं, गाड़ियों के पीछे भागने वाली ट्रेफिक पुलिस नहीं, पुलिस के पीछे भागने वाले चोर नहीं और चोर से डर कर घर में रहने वाले लोग नहीं।

ऐसे लोगों के साथ? यूनिफॉर्म पहने चूहों के साथ? बोलने वाली सब्जियों के साथ? नाचने वाले नूडल्स के साथ?

यक... वो तो कभी खा ही नहीं पाएगी यहाँ का खाना। अब तो शायद लौटने के बाद वो कभी नॉन वेज नहीं खा पाएगी। उनकी तरफ देखेगी तो नाचने वाले नूडल्स ही नजर आएंगे। बेस्ट है वीगन बनना, राइट!

बोस्की के कहने से पहले किंग ने कह दिया, 'तुम लोग यहाँ नहीं रह सकते। तुम लोगों को आज ही लौटना पड़ेगा। वो भी सुबह होने से पहले। मुझे कई जगह से सिग्नल आ रहे हैं कि तुम लोगों के यहाँ रहने से हम लोगों को खतरा है। तो गर्ल्स, थैंक्स फॉर कमिंग। हमारे महल के शेफ ने चाइनीज हक्का नूडल बनाना सीख लिया है। वो मेरे बेटे के लिए बना दिया करेंगे। तुम लोग अब निकल लो। रमन्ना स्पेस शिप तक तुम्हें छोड़ आएगा।'

टीना के मुंह से निकल गया, 'किंग अंकल, आप तो बहुत रूड हैं। हम तो अपने फ्रेंड के लिए हक्का नूडल्स बनाने आए थे यहाँ। ये सोच कर कि बेचारा दो दिन से भूखा है। और

आप किंग होते हुए भी हमें भूखा-प्यासा भेज रहे हो? आप क्या रखेंगे हमारे बेस्ट फ्रेंड का ख्याल। आप तो एक नंबर के सेल्फ सेंटर्ड हो। हमें कौन-सा रहना है आपके स्टुपिड से प्लानेट में। हम जा रहे हैं। पर याद रखिए।,बहुत जल्द हम लौटेंगे जूना के पावर्स के साथ। फिर उसे साथ ले जाने से कोई नहीं रोक पाएगा।'

टीना का दमदार लेक्चर बोस्की और बाप्पी को इमोशनल कर गया। किंग हक्का-बक्का रह गया। जूली को तो अब तक आँखों से आग उगलने से ही फुर्सत नहीं थी।

रमन्ना ने इशारा किया। टीना, बोस्की, बाप्पी और चार्ली उसके पीछे-पीछे चलने लगे। जूना चिल्लाया, 'रुक जाओ। ये तो बताओ, तुम लोग वापस कब आओगे, मेरे पॉवर्स लेकर?'

जूली ने आग उगलना बंद कर अपने बेटे को पीछे खींचते हुए कहा, 'जाने दो जूना। एक बार यहाँ से जाने के बाद, ये लोग यहाँ वापस नहीं आ सकते। अपने पावर्स भूल जाओ। तुम यहाँ बिना पावर के भी पावरफुल रहोगे।'

जूना रुआंसा हो गया, 'पर मैं उड़ नहीं पाऊंगा मम्मी, मैं अपनी मर्जी से कभी घूम नहीं पाऊंगा। मैं अफ्रीका नहीं जा पाऊंगा। मैं काकातुआ से लड़ नहीं पाऊंगा। मैं बाप्पी के मैथ बुक के सवाल गलत नहीं कर पाऊंगा। मैं बोस्की

की नाक छोटी नहीं कर पाऊंगा और सबसे ज़रूरी मैं टीना को बड़े वाले गुब्बारे के भीतर आई लव यू लिख कर नहीं दे पाऊंगा...'

कहते-कहते जूना की आँखों में आंसू आ गए। टीना दौड़ कर उसके पास आ गई और उसे गले लगा कर बोली, 'रो मत जूना। हम बहुत जल्द आएंगे यहाँ तुझे ले जाने। और तेरे पास पॉवर हो, ना हो। तेरे लाल गुब्बारे मुझे हमेशा पसंद रहे हैं। आई नो, यू लव मी। एंड माइ डियर ब्रो, मी टू...'

जूना के गाल पर टीना ने पुचकी वाली पप्पी दी। एक बंदा था वहाँ, जिसका दिल टूट रहा था। रमन्ना से ज्यादा देखा नहीं गया। पर जब बात एक राजकुमार और कॉमनर के बीच की हो, तो आम आदमी की हैसियत ही क्या रह जाती है?

इंडिया में अभी सुबह होने को थी। पर टूना प्लानेट में तो हमेशा ही सुबह रहती थी। स्पेस शिप के पास आने के बाद रमन्ना ने सोचते हुए कहा, 'मैं भी कुछ साल अफ्रीका में था, मैंने और डोना ने एल्फर्ड के लिए काम भी किया है। इन फैक्ट, मैं आप लोगों की जिग्गी आंटी को भी अच्छे से जानता हूँ। उन्होंने एक बार मेरी जान बचाई थी एल्फ्रेड से।'

टीना ने आश्चर्य से उसकी तरफ देखा, 'ओह! पूरी बात बताओ रमन्ना। और यह भी कि तुम्हारा नाम इतना अजीब क्यों है? पहले कभी नहीं सुना ऐसा नाम।'

रमन्ना का चेहरा लाल हो गया। वो थोड़ा नाराज हो कर बोला, 'मैं साउथ इंडिया से हूँ। आंध्र प्रदेश से। वहाँ यह नाम कॉमन है। तुम दोनों के नाम भी तो फनी हैं। पर मैंने तो कुछ कहा नहीं। हमेशा तुम नॉर्थ इंडियन को हम साउथ इंडियन की चीजें बुरी लगती हैं। नाम, कलर, हेयर, लुंगी डांस और दोशैय... हाँ-हाँ, ये जो तुम लोग डोसा कहते हो ना, वो फनी है। पहले सही नाम लेना सीखो।'

'ओके। सॉरी रमन्ना ब्रदर। टीना का वो मतलब नहीं था। ये थोड़ा रैश बोलती है। पर जरूरी बात आपका नाम नहीं, एल्फ्रेड से आपकी दुश्मनी है। और यह भी कि हमारी जिग्गी आंटी ने आपकी जान कैसे बचाई थी...'

रमन्ना एक सेकेंड को चुप रहा, फिर बोला, 'मैं बस तुम लोगों की हैल्प करना चाहता हूँ। मेरे पापा अफ्रीका में एक डॉक्टर के साथ काम करते थे। उन्हें खतरनाक सांपों की पहचान थी। वो उनका जहर निकाल कर उससे दवाई बनाते थे। एल्फ्रेड इस काम के लिए पापा को अच्छे पैसे देता था। मैं भी अपने पापा की इस काम में हेल्प करता था। एल्फ्रेड को माल मैं ही देने जाता था। फिर एक बार डॉक्टर ने कहा कि पापा को एल्फ्रेड को जहर नहीं देना चाहिए, वो उसका गलत इस्तेमाल करता है।...'

कहते-कहते रमन्ना चुप हो गया।

'फिर क्या हुआ?'

'वही, एल्फ्रेड ने पापा को मार डाला। वो मुझे भी मारना चाहता था। मैं जंगल में भागने लगा। जिग्गी आंटी उस समय एक बड़ी चील पर उड़ते हुए जंगल की सैर कर रही थी। उन्हें ऊपर से भागता हुआ मैं दिख गया। वो तुरंत नीचे उतरी और मुझे अपने साथ चील पर बिठा लिया। एल्फ्रेड ने यह देख लिया। उसने जिग्गी आंटी से दुश्मनी कर ली। इसके बाद मेरी जान को खतरा देखते हुए जिग्गी ने अपनी फ्रेंड जूली से बात की। जूली तब तक अंडा दे चुकी थी। वो अपने हसबैंड की खोज में टूना प्लानेट जाने की तैयारी कर रही थी। जिग्गी आंटी ने जूली से कहा कि मुझे भी वो अपने साथ ले कर जाए।'

'अच्छा। तुम भी जूली के साथ आए यहाँ। पर रमन्ना, आंटी तो ओल्डेज होम में रहती थीं। तुम कहाँ रहते थे?' टीना ने पूछा।

'मैं यहाँ आते ही चोरी करने लगा। और तो कोई काम आता नहीं था। पुलिस ने मुझे जेल में डाल दिया। वहीं मुझे जूना के डैड मिले और मैं उनका शिष्य बन गया। उन्होंने कहा था, जिस दिन वो किंग बनेंगे, मुझे अपना राइट हैंड बंदा बना देंगे।...'

'इंटरेस्टिंग...' बोस्की ने सिर हिलाते हुए कहा, 'ब्रो, तुम तो बच गए। पर हम क्या करें? हमें तुम क्या सजेशन दोगे? हम जाएं या यहाँ रहें?'

'जूना तुम्हें जाने नहीं देगा और किंग तुम्हें रहने नहीं देगा। तुम वो करो, जो करने आई हो। आई मीन, जूना के पावर्स वापस दिलाओ उसे। यह काम सिर्फ टीना कर सकती है। क्योंकि सिर्फ उसके पास ही पावर्स हैं।'

बोस्की ने दुखी हो कर सिर हिलाते हुए कहा, 'हाँ, ना मेरे पास पावर्स रहे ना जिग्गी आंटी के पास। पता नहीं, हमसे पॉवर किसने चुरा ली?'

'उसी कमीने एल्फ्रेड ने। यह बात मुझे इसलिए पता है, क्योंकि उसने कहा था मुझसे। जब अफ्रीका में मैं उसके लिए काम करता था। वो कहता था कि जिग्गी आंटी के पास तब तक ही पॉवर रहेगा, जब तक जूना के पास है। जूना की वजह से ही तुम्हारे पास भी जादू था...'

'और टीना? उसके पास कैसे अभी भी मैजिक बाकि है?' बोस्की तेज आवाज में बोली।

'मैं बताता हूँ,' यह जूना की आवाज थी। वो उनके पीछे-पीछे दौड़ता हुआ आ रहा था, 'तुम्हें याद है टीना, जिग्गी आंटी हमेशा मेरे लिए एक पिंक कलर की मेडिसिन लाती थी और कहती थी रोज रात को जरूर खा लेना? '

‘हाँ, याद है ना। अजीब-सा टेस्ट था उसका- कभी मीठी, कभी तीखी, कभी खट्टी तो कभी कड़वी । तुझे तो बिलकुल पसंद नहीं थी वो गोली, जूना।’

‘हाँ। मुझे पसंद नहीं थी, पर तुझे थी। तू शायद पांच-छह साल की थी। मैं रोज रात को डिब्बे से मेडिसिन निकालता। मैं मुंह बनाता और तू लपक कर खा लेती।’

‘यस। फिर जिग्गी आंटी जब तुझसे पूछती, तो तू खाली डिब्बा दिखा कर कहता, मैंने तो पूरा खा लिया।’

जूना ने सिर झुका लिया, और दु:खी आवाज में बोला, ‘वो मेडिसिन ही है, जिसकी वजह से तेरा जादू नहीं गया, मेरा चला गया। मुझे यह बात बाद में पता चली। जिग्गी आंटी ने कुछ दिन पहले मुझसे पूछा था कि मैंने उस मेडिसिन का कोर्स पूरा किया था कि नहीं। मेरे मुंह से निकल गया, नहीं। आंटी ने सिर पकड़ कर कहा, फिर तो आसानी से कोई भी तेरा मैजिक ट्रांसफर कर सकता है। जिस वजह से एल्फ्रेड ने बड़ी आसानी से मेरे सारे पावर्स छीन लिए। आंटी ने भी ये मेडिसिन नहीं ली थी और बोस्की ने भी। इसलिए इनकी भी पावर्स कम होती चली गयी।’

‘वाऊ। मतलब, मैं एक परमानेंट जादूगरनी हूँ। वाह, अब बताओ रमन्ना, मुझे क्या करना है?’

रमन्ना ने जूना की तरफ देखा और धीरे से बोला, 'दिन में एक टाइम ऐसा आता है, जब एल्फ्रेड अपना मैजिक उतार कर अपने घर के पास के एक पेड़ पर रख देता है। वो कभी मैजिक पहन कर नहाने नहीं जाता। वो समय होता है उसके मैजिक चुराने का।'

'वो समय कब है रमन्ना?' टीना ने आँखें फैला कर पूछा।

'बस, पांच मिनट में। अफ्रीका में इस समय शाम के सात बज रहे हैं। टीना, अगर तुम यहाँ से अपने मैजिक का इस्तेमाल कर, उस तक पहुंच सको, तो देख पाओगी, उस पेड़ को। वो एक बीस फीट का पेड़ है। पेड़ की झुकी हुई डाली देखो, वहाँ कई सारे मोतियों के धागे बंधते चले जाएंगे। वो ही है एल्फ्रेड का जादू। तुम्हारे पास सिर्फ पांच मिनट और होंगे। एल्फ्रेड बहुत जल्दी नहाता है। उसे हमेशा डर लगा रहता है कि कोई उसका मैजिक ना चुरा ले। मैं जिन दिनों उसके साथ काम करता था, मैं ही नजर रखता था उसके जादू की माला पर...'

टीना आँखें बंद कर चुकी थी। वो अब अफ्रीका में थी। वो एल्फ्रेड को देख रही थी। वो अपने घर के बाथरूम में जा चुका था। अब टीना ने पेड़ पर नजर दौड़ाई। उसे पेड़ की ऊंची डाल पर मोती की मालाएं बनते दिखीं। उसने एक-एक करके माला अपने गले में पहननी शुरू की। वो तेजी से एल्फ्रेड का सारा जादू अपने भीतर लेती जा रही थी। उसके

चेहरे पर अजब ग्लो आ गया था। पैर हवा में उड़ने लगे थे। उसे बाथरूम से एल्फ्रेड के बाहर आने की आहट आई। वो पेड़ के पास आ रहा था। उसने हाथ बढ़ाया, जादू की मालाएं पहनने के लिए। पर वहाँ तो कुछ भी नहीं था। बस वहाँ टीना की हंसी थी- एक जादूगरनी की हंसी।

एल्फ्रेड सिर पकड़ कर चिल्लाता हुआ वहाँ बैठ गया।

इधर टूना प्लानेट में सब खुशी से चिल्लाने लगे। आवाज सुन कर किंग बाहर निकल आए।

जूना अपने डैड से लिपटते हुए बोला, 'टीना को मेरे पॉवर्स मिल गए हैं डैड। मैं भी पहले की तरह जादूगर बन जाऊंगा। प्रॉमिस डैड, अब मैं किसी को नहीं दूंगा अपने पॉवर्स।'

किंग खुश हो गए। टीना की पीठ थपथपाते हुए बोले, 'वेल डन टीना। अब तुम जूना को उसके पॉवर्स दे दो। टूना प्लानेट को भी इसके मैजिक की जरूरत है।'

'लेकिन किंग अंकल, जूना ने तो कहा था कि अगर उसका पॉवर्स हम लौटा दें, तो वो हमारे साथ वापस जाएगा।'

किंग ने जूना की तरफ देखा, 'तुम सच में वापस जाना चाहते हो राजकुमार? इतने सालों बाद तुम हमें मिले हो

बेटा। कुछ दिन हमारे साथ भी रहो। इंसानों के साथ रहोगे तो हमारी ज़िन्दगी कब जिओगे?'

जूना ने टीना और बोस्की की तरफ देख कर कहा, 'पर डैड। मुझे ये लोग बहुत अच्छे लगते हैं। थोड़े सेल्फिश हैं। पर ज्यादा अच्छे हैं, मैं खुश रहता हूँ इनके साथ...'

जूली भी वहाँ आ गई। वो इस समय रो नहीं रही थी, ना आँखों से आग उगल रही थी। उसने जूना की पूंछ पकड़ ली। जूना ने टीना की तरफ देखा। टीना ने उसकी आँखों में देखते हुए उसके सारे पॉवर्स ट्रांसफर कर दिए।

जूना को महसूस हो रहा था, वो फिर से पॉवरफुल हो रहा है। वो चाहे तो मम्मी के मुंह से पूंछ छुड़ा सकता था, टीना का हाथ पकड़ सकता था, बोस्की के बाल खराब कर सकता था, चार्ली को चपत मार सकता था और बाप्पी के पेट में गुदगुदी कर सकता था, पर उसने ऐसा कुछ नहीं किया।

टीना ने रमन्ना से कहा, 'सुबह हो गई। हमें हमारे घर छोड़ दो रमन्ना। मम्मी, पापा, जिग्गी आंटी हमारे लिए परेशान होंगे।'

बोस्की ने टीना की तरफ देखा, 'और जूना? हम उसे छोड़ कर चले जाएंगे?'

जिंदगी में पहली बार टीना ने समझदारी वाला जवाब दिया, ‘उसे यहाँ रहने दे सिस्टर। ये उसका घर है। उसके मम्मी-डैडी हैं यहाँ। उसे खुल कर जीने दे। हम उससे दूर थोड़े ही हैं। जब मन करेगा, आ जाएंगे। है ना जूना?’

जूना की आँखों में आंसू आ गए। वो रोने ही वाला था कि बोस्की ने कहा, ‘जल्दी चलो यहाँ से। एक बार ये रोना शुरू करेगा तो पानी के बीच से स्पेस शिप उड़ ही नहीं पाएगी।’

किसी ने नहीं देखा कि बोस्की भी रो रही है और टीना भी, डोना भी और रमन्ना भी। बस चार्ली ने अजीब हरकत कर दी, बोस्की की गोद से कूद कर जूना की पीठ पर सवार हो गया और तुतला कर बोला, मैं तो अपने गुलू के छाथ लहूँगा। अब मैं भी यहाँ का लाजकुमाल ऊं...

घर पर सब सो रहे थे, टीना भी। बोस्की की बगल में अपने दोनों पैर डाले। आँख खुली तो उसने बोस्की को जगा कर जोर से कहा, 'उफ, क्या सपना देखा मैंने। सपने में मैं जादूगरनी थी। हमारे यहाँ एक अजीब-सा दिखने वाला जादूगर मिनी डायनो था। बोलने वाला पिल्ला था। और पता है, हम सब उसे बचाने एक दूसरे प्लानेट गए थे, अजीब-सा नाम था उसका टूना...'

बोस्की ने अपनी आँखें वापस बंद की और टीना के सिर पर तकिए से जोर से मारते हुए कहा, 'डफर...'